救出

3・11気仙沼公民館に取り残された446人

猪瀬直樹

小学館

救出　3・11気仙沼公民館に取り残された446人†目次

【気仙沼市中央公民館周辺図】

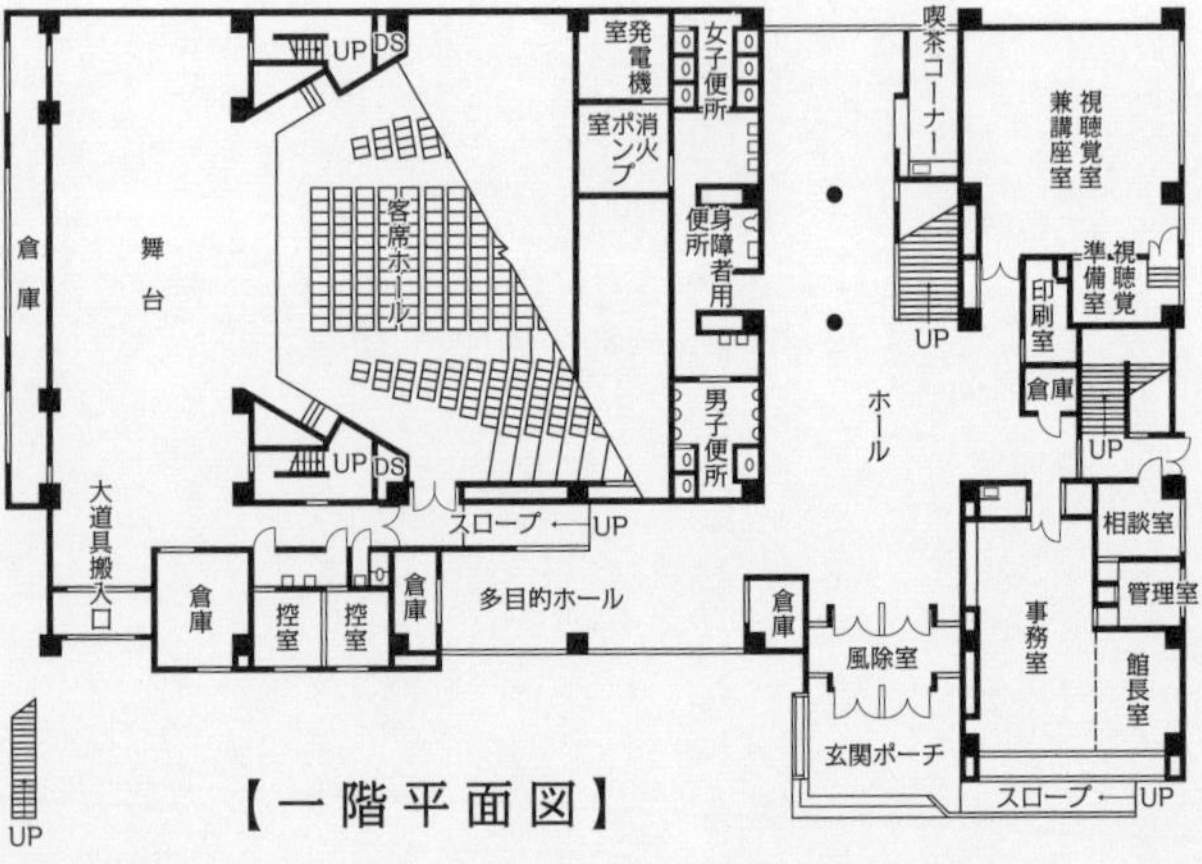

【一階平面図】

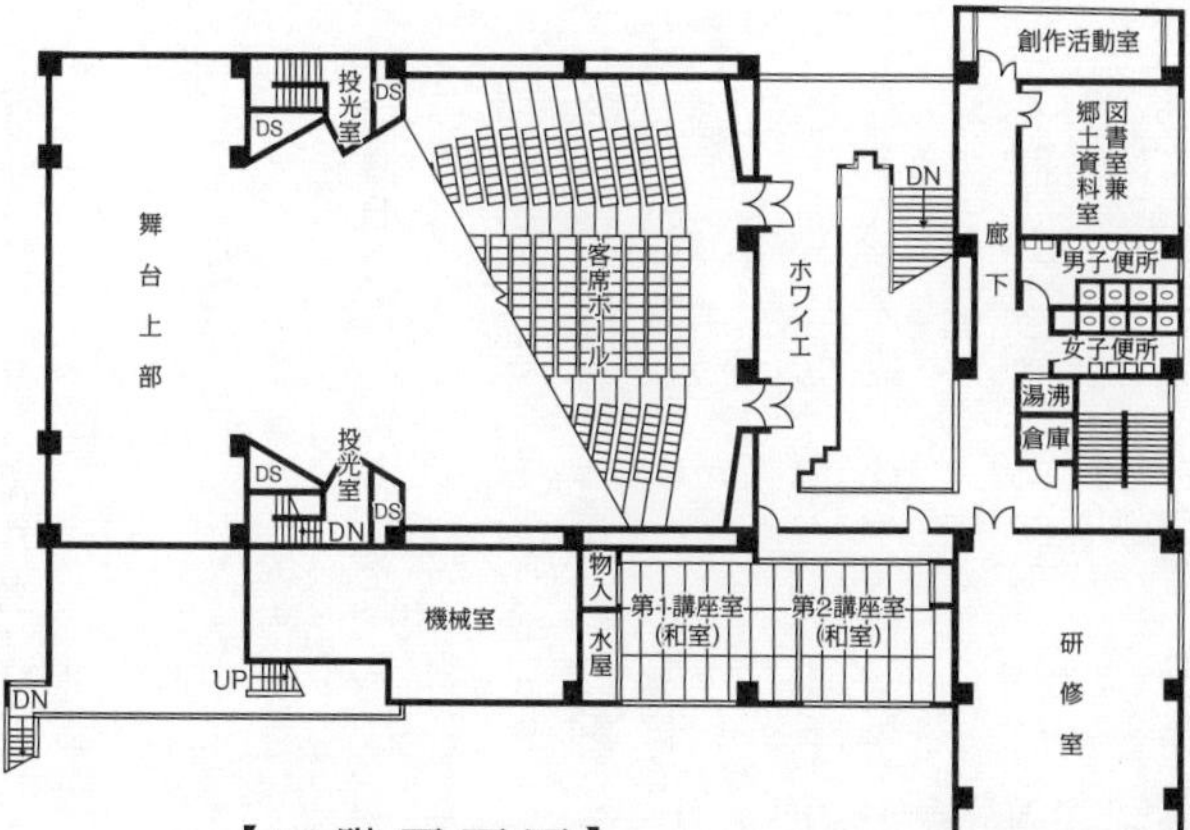
創作活動室
図書室兼郷土資料室
投光室
DS
DS
DN
舞台上部
客席ホール
ホワイエ
廊下
男子便所
女子便所
湯沸
倉庫
投光室
DS
DS
DN
物入
水屋
機械室
第1講座室（和室）
第2講座室（和室）
研修室
UP
DN
【二階平面図】

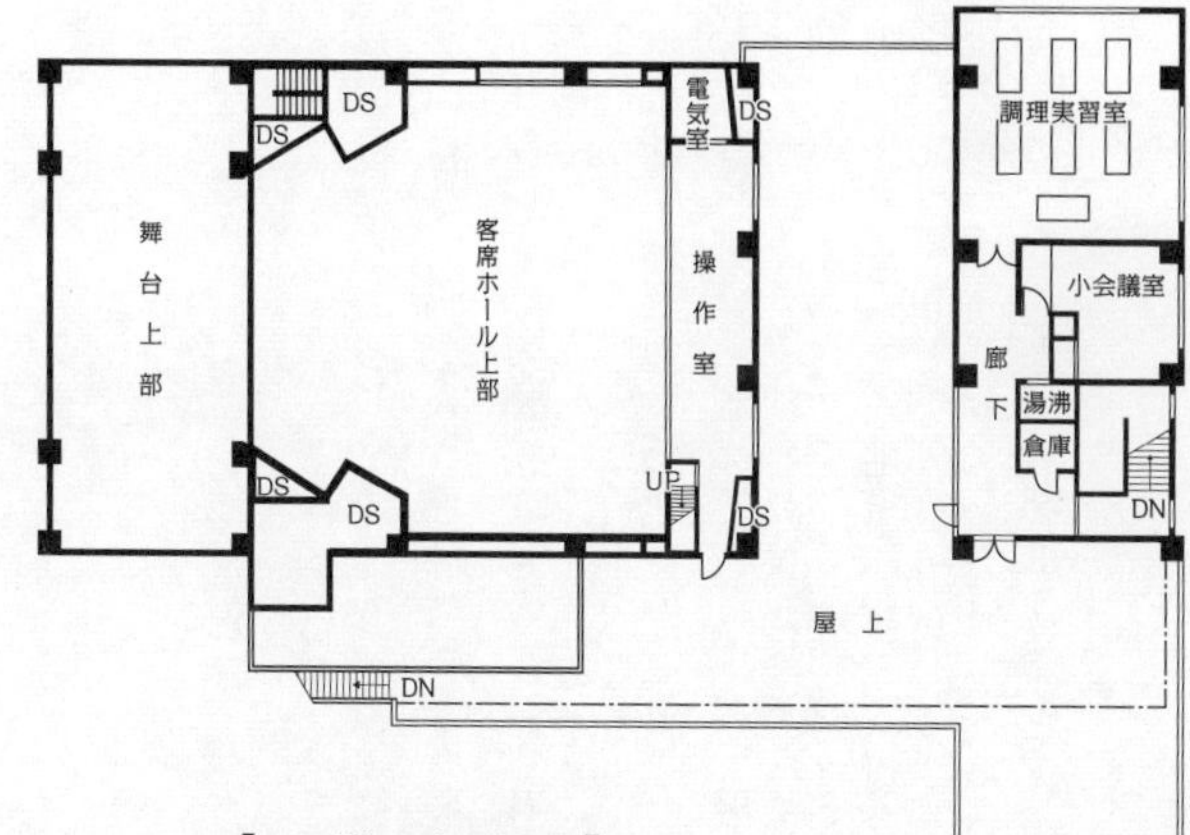
DS
DS
電気室
DS
舞台上部
客席ホール上部
操作室
調理実習室
小会議室
廊下
湯沸
倉庫
DN
DS
DS
UP
DS
屋上
DN
【三階平面図】

第一章 「上さあがれ！」

1

「金曜日だから忙しいぞ。わかっているな、夜遅くなるからね」

鈴木修一は長身で表情もおだやかで、髪にていねいに櫛を入れ、身だしなみもよく、どこから見ても大手企業のエリートサラリーマンという風情である。彼の仕事にとって金曜日から週末は特別の意味がある。

だがいま実際に鈴木が見渡している部屋は東京都中野区の六階建てのマンションの正面入口の脇から入る地下室なのだ。中野駅北口から少し離れている。六十平方メートル、家賃十五万円の小さなオフィス、総勢十人ばかりの零細企業である。

四十八歳の鈴木社長が社名を一歩一歩、堅実に生きる人生、地道に登って行く、という意味合いのステディーライズと付けたのは二十年前、バブル経済崩壊後に会社を興したときであった。バブル崩壊のトラウマを心の内側に静かにしまい込み、背筋を伸ばしている。

まず全員で大きな声で「経営理念」をとなえる。

一、人生の真の価値を探求し心を豊かに輝かせること。
二、いっそう人と社会の役に立ち今以上に必要な存在となるよう努力すること。
三、創造する喜びを知り精神性を高め高度な技術を追求していくこと。
真剣である。二十代から五十代、その十人が結束していなければ吹き飛んでしまうかもしれない小さな会社である。

マンションは目抜き通りではない。いつものように作業着を点検する。腰に電動ドリル用のドライバー・ビットを、太いものから細いものまで幾種類も差し込む。作業用の帽子も被った。帽子の正面にOKAMURAとローマ字があり、左胸にカタカナでオカムラ、左腕にもオカムラの腕章をつける。トヨタのミニバン、黒いハイエースがマンションの駐車場に五台停車しており、それに便乗して出発する。

オカムラというオフィス家具大手の企業名はよく知られている。会社に置かれた事務机の端のほうに製造会社のブランドラベルが張られていることに気づく人もいるだろう。新しいビルが建設され、テナントが入居契約をすれば、オフィスのレイアウトも決まり、事務机や椅子や収納庫（ロッカー）、書棚、応接セット、パーテーションの位置も定まる。

広々とした真新しい空間は誰もおらず何も存在しない、不思議な未だ命の宿らない場所である。そこに机があって人がいてパソコンが置かれ、軽いざわめきが入ると生きた世界に変容する。そういう時間の経過のなかの一部の隙間に鈴木の仕事が存在する。

まずスチール製のキャビネットが搬入される。搬入は運送会社の仕事である。搬入された事務机などは搬送しやすいかたちで梱包され送られて来る。箱を開いて梱包を解き、組み立てたり据え付けたりする下請けの仕事が鈴木社長の会社に割り当てられる。据え付けを専門とする会社なのだ。

特別な技術を要するわけではないが、据え付けはつねに見知らぬビルであり、要領と段取りを組む手際が勝負である。オフィスの広さ、形、組み立てるものの数など、どんな場所であっても物怖《ものお》じせずにとっさに判断できる才覚、勘のようなものがこの道二十年の鈴木には備わっている。

その日も早朝から堅実に駒を進めるつもりである。地味な仕事でも、堅実にやればわずかでも利益が出る。大儲けは求めないし、求めようもない仕事なのだ。オフィスの机や椅子、ロッカーなどの据え付け仕事は、新規のビルだけではなく、企業の組織替えにともなってのレイアウトの変更も多い。月曜日から新しい組織を立ち上げることが多いため、据え付けの業務にとって土曜日や日曜日は休日ではない。だから日曜日の夜から作業に入って、深夜から未明までかかることも珍しくない。それも顧客の要請があれば休みにはならない。定休日は火曜日なのである。

二〇一一年三月十一日午後二時四十六分、高田馬場にある早稲田大学の新しい研修棟の六階で、据え付け作業をしていた。大きい揺れが長くつづいた。窓から見ると電線が波を打ち電柱がメトロノームのように左右に揺れていた。それでもたいしたことではないと考え、作業をつづけた。免震施工の新しいビルのせいなのか、低層の階で作業をしていたためなのか、深刻な事態ではないと感じた。

据え付けが終わったのは午後四時ごろだった。

つぎの仕事が午後六時から入っていた。西新宿の高層ビル街へと向かった。高層部分にパークハイアットホテルが入っている東京ガスのビルである。都市開発本部の組織替えで、レイアウトを変更するというのだ。二百人から三百人ほどが働いているフロアの一部で、八十人分ぐらいの机などを移動させる役割が待っていた。

早稲田の新築ビルではそれほど心配しなかったが東京の震度は五弱とかなり激しいものだったと途中のカーラジオで伝えているので、親会社オカムラの工事センターに指示を仰ごうと、携帯電話をかけた。しかし、つながらない。

その前に妻には電話が通じていて無事を確認しているし、小学校四年生の長男も幼稚園児の長女も大丈夫と妻から聞いた。事態はそれほどのことではない。ならば発注主に迷惑をかけてはいけない、仕事をやっておこう、ととりあえず西新宿の東京ガスのビルを目指した。午後五時ごろにはハイエースはなにごともなく着いた。

黄昏《たそがれ》の空を仰げば西新宿の高層ビル群は安閑と背の高さを競って突っ立っている。人工的な空間が空を割いているのであり、自然の脅威などものともせず存在感を漂わせていた。ただ途中、新宿駅に近づくにつれ渋滞が始まり出し、のちに帰宅困難者と呼ばれることになる通勤・通学あるいは買い物にきた人びとが黒い塊となって膨らみはじめている。

目的の東京ガスのビルに着くと、一階がすでに帰宅困難者の避難所のような状態になっていて、人の群れであふれている。

「これじゃ、作業はできないよな」

運転中の部下に同意を求めるような言い方をしながら、方向転換を指示した。新宿から中野区の会社までは二十分ほどの時間があれば充分だった。自分のオフィスで待機して、オカムラの工事センターに連絡をとればよい、と判断した。ところがふだんなら二十分の距離なのに二時間近くもかかった。渋滞の車のなかで二カ月ほど前に買ったばかりのスマートフォンでSNS（ソーシャルネットワークサービス）のツイッターの画面を見始めた。

会社に近い中野区の自宅に帰ったのは午後九時前だった。テレビの震災報道の画面を食い入るように見つめていると、気仙沼市の火の海の映像が流れている。二十代に仙台に四年も住んでいて、気仙沼へもよく飲みに行った。仙台にも気仙沼にも知り合いがいる。その人たちの顔が浮かんできて、いても立ってもいられない気持ちになってテレビの画面と交互に使い慣れないツイッターをいじってみた。ツイッターは初心者で使い方にあまり習熟していない。

　この仕事を始める前の二十代半ばで、人生がまったく切り替わって新しく再生したと思っています。わたしはいわゆるバブルの時代に青春を送ったひとりです。高校に入学してからも、夜は六本木に毎日遊びにいくような生活を送っていました。毎日毎日が楽しくてしょうがなかったですね。池袋や新宿など、歓楽街でいろいろなアルバイトをして過ごしていました。一九八〇年代です。

　そうこうしているうちに、お決まりのように学校を中退しました。

　若い女の子に過激な服装でサービスさせる喫茶店が、当時流行りました。エロを売りにしたそういうタイプの店は大阪で生まれたといわれていて、新宿にもたくさんの店ができました。そんな店を手伝っているうちに、年端もいかないのにそういう稼業のプロのような顔になり、仙台に店を出すので、行ってくれないかと頼まれた。まだ二十代になったばかりのころです。

　仙台の歓楽街の国分町に店を出しました。生粋の仙台人は気位が高くて、ちょっととっつきにくかったですが、東北の中心都市ですからね、よそ者も多くて、そういった人たちと親しくなりましたよ。

いまはなくなっていますが、仙台にも当時は「大箱」と呼ばれる大きなキャバレーがありました。そうしたところで働くママさんとか、その筋の人たちとか、若かったせいもあってかわいがってもらったな。白い靴を履いていましたよ。外見から、もうカタギには見えませんでした。そうそう、やくざ映画の『仁義なき戦い』に出て来る若い衆みたいな。

大震災の被災地になった石巻市や旧古川市（現・大崎市）にも遊びに行ったね。歓楽街で地元の若者と、遊びがてら、けんかもしましたね。まあ、若かったですからね、元気がありました。

いまでも忘れられないのが、クラブのママやその取り巻きの人に連れて行ってもらった、気仙沼です。

生まれて初めて、サンマの刺身を食べさせてもらった。最近は東京でも食べられるようになりましたが、当時は東京で魚の「アオモノ」の刺身なんて食べたことがなかったですからね。

仙台市がある宮城県は、競馬や競艇などギャンブルができるところがまったくないので、当時は好きだった競馬をやりに、わざわざ山形県の上山《かみのやま》競馬に毎週のように通いました。そこでも友だちができて。その競馬場もいまは廃止でなくなっております。

　とにかく仙台が気に入りましてね、住み着こうとまで思っていました。

　しかし、商売がうまくいかなくなりました。仙台の人たちはまじめなのか、大阪や新宿で流行っているからといって、同じサービスは当たりませんでした。それと、喫茶店で働いてもらう女の子の採用がなかなか難しくって。東北の大都市といっても狭い社会なので顔を知られるのが嫌だったんでしょうかね。

　それでも仙台には四年ほどはいましたが。いまでも懐かしい町です。

　東京に戻ってみると、バブル経済の真っ只中で、友人に誘われて不動産取引の下働きのような仕事に就きました。いまではもうわかりきった話ですが、当時の不動産取引というものは、仲間の間で物件をやりとりして価格を上げていく、しょせんはマネーゲームでした。バブルが崩壊して、ひどい借金を背負いました。

　そんな自分に呆れた最初の妻は、幼い長男とともに去っていきました。その子もいまでは、二十代後半となって法務省の職員、刑務官として立派にやっておりますよ。自慢の息子というわけです。

　さて、借金を背負って、どうするか。あの時代、どこかに逃げるか、そうはしないでまじめに働いて返すか、そのふたつの選択肢でした。

　わたしは、逃げないで返す道を選びました。大工をしていた中野区の父親の実家に幼い子どもと舞い戻って、一所懸命に働きました。月に三十万円の手取りのうち、二十万円を支払いに充てて、八年間かけてすべて返済しました。二十代後半が転機でした。いまの仕事を始めて、借金を返したのが三十代。仕事で信用を得ることの大切さを、日々学んでいます。

ステディーライズは朝礼で経営理念をとなえるが、さらに「ステディーライズ精神」も唱和する。

一、向上の精神　自己目標を持って成長しよう！
二、ファミリーの精神　異体同心で一丸になろう！
三、奉仕の精神　商売は社会への奉仕である！
四、喜びの取引の精神　給料は喜ばれた結果！……

鈴木修一はバブル経済崩壊からこうして二十年、文字通りこつこつと働いてきた。

三月十一日、早稲田大学でのオフィス機器の据え付けを終え、渋滞の車内でツイッターの存在に気をとめて帰宅した鈴木は部屋着に着替えると、テレビ画面とスマートフォンの双方に視線を泳がせ、落ち着かなかった。仙台時代のあの顔、この顔と浮かんできた。

「仙台空港へ津波到達、高台へ避難してください」「仙台近くの名取川流域では海岸から数キロメートルまで津波が入り込んでいる模様。頑丈な建物の三階以上に避難を」「いま津波で走っている車が流されて行きました。仙台です」など、震災にまつわる短い文字の羅列がぎっしりと入り乱れ並んでいる。住所が記入された「助けてくれ」という情報に「それはデマです」とRTが付けられたものもある。たいへんな事態だということは承知しているが、パニックの際に発せられるニセ情報も混在しているようだ。

スマートフォンの画面を慣れぬ指で送りながら、あるツイートのところで眼が吸いよせられるように止まった。

「障害児童施設の園長である私の母が、その子供たち十数人と一緒に、避難先の宮城県気仙沼市中央公民館の三階にまだ取り残されています。下階や外は津波で浸水し、地上からは近寄れない模様。もし空からの救助が可能であれば、子供達だけでも助けてあげられませんでしょうか」

ツイッターの百四十字という制限文字数のなかで描写が行き届いている。具体性があり情報の基本であるいつどこで誰がなどの5W1Hがしっかりしている。どうしたら救出できるか、手段まで記されている。

自衛隊機の空撮映像がNHKで流されて、気仙沼湾が火の海で、いまも燃えつづけている状況が映し出されていた。鈴木修一は若い時分に遊びに行ったことのある気仙沼を思い出していた。若さ、カネ、強靱な体力、自由、あのころはすべて持ち合わせていた。欠けていたのは人をいたわる気持ちであり、生活を持続させるための知性。知性というものの意味すら考えたことはなかった。そうだった。いまは違う。この短い文章と向き合って、考えた。自分に何ができるのか。

2

東日本大震災の起きた日の朝、宮城県気仙沼市の日の出は五時五十五分、気温マイナス三・七度、風速は北北西に最大二・三メートル。気象庁は乾燥注意報を発令している。

六時に防災無線が「恋は水色」の曲を流した。防災無線の曲をめざまし代わりにして起きる人がいる。気仙沼市は宮城県と岩手県の県境の港町である。

中背だが肩や胸がいかつい、力仕事で鍛えられたがっしりとした体格の三十六歳の奥玉真大《おくたままさひろ》は、気仙沼市の中央公民館と岸壁に面した気仙沼魚市場とのほぼ中間地点にあたる位置で酒屋を営む。

大震災でこの中央公民館に四百四十六人が逃げ込むことになるが、それは後につまびらかにしたい。

中央公民館まで南に百五十メートル、魚市場まで東に百メートルほどだ。屋号は名字のまま、「奥玉屋」の主人である。奥玉屋には酒や飲料水を売るだけでなく立ち飲みのスペースもあった。魚市場は生鮮カツオの水揚げが日本一であり、サンマ漁、マグロ漁でも扱い高は日本の漁港では有数であった。付近には冷凍工場、製氷工場、水産物加工の工場、倉庫、物流センターが軒を連ねている。

奥玉屋は漁師や付近の冷凍工場などの従業員が仕事を終え、帰り際にちょっと一杯ひっかける、立ち飲みでも繁盛していた。

中央公民館は気仙沼湾の南側に位置し、海岸からの距離は三百メートル。魚市場や冷凍工場などが林立している一帯は南気仙沼と呼ばれる埋め立てによって生まれた比較的歴史が浅いエリアである。中央公民館は気仙沼市の「中央」にあるわけではなく、別に市民会館は市街地の中心地の高台に建っている。フェリーや大型漁船はもう少し湾の奥の港に停泊し、乗組員を下ろしたり燃料を補給したりしている。商店や旅館や銀行支店などがぎっしり立ち並ぶ市街地は奥の港を中心に拡がっている。レストランやバーや料亭は中心地に行かなければない。

湾口の埋め立てエリアで中央公民館のある南気仙沼は、海岸沿いの魚市場に連なり物流センターなど面積を要する大きな平屋や二階建ての工場群で栄えていた。工場と工場の隙間に個人住宅もあり、保育所やホテルもあったが、ネオンや照明が灯る港町の中心の商業地区ではない。

あの日、奥玉真大は母校の南気仙沼小学校にいた。卒業間近の六年生の二クラスを集めて、先輩の話を聞くという授業で教壇に立った。「わたしの野球人生」を後輩たちに語るためである。〝ようこそ先輩〟という社会人経験者を招く授業の一環で、一カ月ほど前に依頼が来ていた。

南気仙沼小学校の生徒だったときに気仙沼のリトルリーグ「南ボーイズ」で、守備位置はセカンド、打順はクリーンナップを任された。気仙沼は野球が活発でリトルリーグが六チームもあった。高校野球でPL学園の清原と桑田の「KKコンビ」が人気絶頂の時代だった。中学に進学して間もない頃、どうしても大阪のPL学園で野球がしたくなり、両親に問い合わせてもらった。PL学園の返事は、「息子さんは東北にいるのだから、そこでがんばったほうがよい」というもので、「もしPL学園の中学野球部に入っても高校野球部に入部できるのは、学年で一人いるかどうかですから」とていねいに断られた。PL学園の高校野球部は全国から優秀な選手が集まるので、中学野球部にいたからといってそのまま高校野球部に入れる保証はない。

それでも奥玉真大はあきらめきれずに、中途入学の試験を受け、PL学園の中学野球部に入った。中学校一年生の十一月のことである。自分の野球の才能に自信をもつ出来事があった。六年生のときリトルリーグの各地の選抜チームを集めた全国大会が、四国の松山で開かれた。気仙沼リーグの選抜チームに選ばれ、宮城県大会そして東北大会を勝ち抜き松山の全国大会に出場できた。初戦で敗れたが相手は大阪の強豪チームだった。悔しさが、もっと強くなりたいという火種として残りくすぶりつづけた。だから中途でもPL学園の中学野球部を目指した。

学園側が「中学野球部から高校野球部へ進むことは難しい」と言った通り、彼の学年で高校野球部に入部できたのは奥玉真大一人だった。前年の入部はゼロだった。

PL学園の高校野球部に入るまで自分に対する自信は揺るがなかったが、全国各地から選りすぐられた人材が集まっていた。全国大会に出場できたのは、二年生の三月、春の選抜高校野球大会での代打出場のみだった。もし地元の気仙沼や東北のどこかのチームに属していたら両親に頻繁に試合を見てもらえたと思った。ただ、一度かぎりでもPLのユニフォーム姿の試合を見てもらったことで満足でもあった。

こうして挑戦することで自分の実力がわかるものなのだ。代打出場一度だけではプロ野球からの誘いがないことは自明であった。プロ野球は無理としても野球にはできるだけ長く関わっていたい。大学や高校の監督とかコーチなど、なんらかの関わりができるような指導者になれればという夢を持ちつづけた。

仙台市の東北学院大学経済学部に入学、四年間野球部で過ごした。最後はキャプテンを務めた。チームが所属している仙台六大学リーグには、強豪の東北福祉大学がいて、東北学院大学は彼がいる間は万年二位に甘んじた。

卒業して社会人野球部に所属した。福島県郡山市に本社があるヨークベニマルに入社したが二年半ほど経って野球部は休部となってしまう。野球を続けるため、北海道へ渡った。札幌市の商品先物取引会社サンワード貿易に移籍。しかし半年後、父親がガンのため体調を崩して、実家の奥玉屋を継いだ。二十五歳のときである。

自分のわがままから中学校時代にわざわざPL学園に行かせてくれた両親のために、恩返ししたい気持ちもあり現役の野球人生を断念して気仙沼に戻ってきた。

野球への情熱は消えない。家業のかたわら地元の高校野球の強豪、気仙沼向洋高校（旧・気仙沼水産高校）の野球部のコーチになった。高校創立記念の企画として「PL学園の野球部と招待試合を」と提案、実現した。

試合は二日間に分けて、両日とも向洋対PL、そして初日が気仙沼の北にある、岩手県の大船渡高校対PL、二日目に地元の気仙沼高校対PLの試合が組まれた。二〇〇三年（平成十五年）六月二十一日という日付を明確に記憶しているのは長男がその前日に生まれたからだ。

招待試合には、高校の創立記念のほかに自分自身の個人的な思いがこもっていた。この年の春、ガンの治療に取り組んでいた父親の主治医から「完治は困難」と告げられた。PLのユニフォームを着た試合をあの春の選抜で一度しか見せてやれなかった、ＰＬ学園の野球をもう一度見せたい、と考えた。

招待試合前後の二週間、父親は体調がよい時期でいったん家に戻ってきた。試合を観戦でき、喜んでくれた。それから二ヵ月余り経ち、亡くなった。よい親孝行ができたと思った。


母校の南気仙沼小学校の〝ようこそ先輩〟の授業を承諾したことが、いまから思えば運命の分かれ道だったと思います。それまでの野球人生と、中学校に入学早々にＰＬ学園に転校する決断をした話をしました。

あのとき、南気仙沼小学校にいなかったら、わたしも、そして家族も命を落としていたかもしれません。

授業は午後の五時間目でした。講堂で授業を終えて、午後二時前から校長室で校長と教頭と雑談をしていました。

いつもならこの時間帯は、店の周辺にある水産加工会社や路上にある、ジュースなどの飲料の自動販売機に商品を追加しているころでした。管理している自販機は五十台あります。父の代に二十台から始めた商売を、大きくしたものです。設置場所は、高台もありましたが、その数は少なく海辺に近いところが多かった。わたし自身津波に呑まれていた可能性もありますし、家族を避難させる余裕もなかったでしょう。

校長と教頭が玄関まで見送ってくれ、靴を履くやいなや大地震が起きて、長い揺れでした。校長も教頭もわたしも身動きできないほどでした。

教頭はすぐに緊急の校内放送をするために立ち去りましたが、放送を入れようとした瞬間に電気が使えなくなった。校長は揺れが治まると職員室へ行きました。全校生徒を校庭の真ん中に集めるため先生たちに各教室へ回るよう指示しました。

わたしはまず、当時一年生だった長男の教室にかけつけて、先生の指示に従って避難するように強く言いました。一年生、二年生は帰る寸前、あるいは下校中でした。校長は、担任の先生にすでに下校中でも近くにいるなら連れ戻せ、と必死に指示しました。三階建ての校舎ですが、そのときは校庭から二階へ生徒たちを避難させています。南気仙沼小学校は海岸から一キロメートルほどの距離ですが、大川という河川沿いに建っているので結果的に逆流した津波が二階の天井まで浸入してきたので三階に避難したと後に確認しています。

保育園児だった下の二人の娘は、叔母の林小春が所長を務めている一景島《いっけいじま》保育所に預けていました。一景島保育所ではすぐ近くの中央公民館に避難するはず。

自分の大型バンのエスティマの自家用車で奥玉屋へ戻りました。母に軽自動車のアルトを運転させ、祖母と避難所になっている中央公民館に向かわせました。

それから、わたしがおろかだったのは、先ほどから乗っていた車で、魚市場の辺りの様子を見に行ったことです。自宅からまっすぐ海側へ行くと魚市場に突き当たる。そこでちょっとハッとした。これはまずいと思った。車の行き来がまったく絶えていたこと、人の姿も見えない。気配がない。シーンとしている。二日前にも大きな地震があったが、そのときには車も動いていたし、人もいたことが、頭の片隅をよぎりました。

あわてて、右折して、Uターンするように中央公民館に急行したのです。ラジオを聴いていると、気仙沼を襲う津波の高さは六メートルと言っている。その高さであれば、二日前の予測もそうだったのではないか。なんとかなるのではないか、そう考えた。ところがラジオが、津波は十メートル、と予測を変更しはじめた。これはダメだ、なんとかしなければならない。

中央公民館の入口から駆け上がって二階に着くと、和室に一景島保育所の園児らが避難していました。祖母と母が避難していることも確認した。保育園児の二人の娘もわかりました。そして、所長をしていた叔母の林小春がいました。いつも「コーちゃん」と呼んでいます。

「コーちゃん、こんなところにいたらダメだ。死ぬぞ。上さあがれ！」（注・気仙沼弁では「上に」や「南に」を「上さ」「南さ」と表現する）と叫びました。

3

一景島保育所の林小春は笛を胸にぶら下げている。吹く笛がピッピピッピッと響くと、二階の和室に避難していた子どもたちは慌ただしく三階へ向かった。訓練された動物のように狭い階段を柔らかな塊になって押し合いへし合いしながら素早く移動した。

酒屋の奥玉屋は真大の父親が継いだ。妹がいた。五十九歳の林小春は真大の叔母にあたる。

林小春はそれなりの年齢になっているのに血色のよい童子の顔をしている。気丈な意志は少し上向いた鼻と、ひと言ひと言に唇をきゅっと結びしゃべるようすから感じられた。

よちよち歩きの幼いころから、酒屋で立ち飲みをしている海で働く荒くれ男たちの脛《すね》の間をちょろちょろと潜ったりして育った。大阪の一杯飲み屋の娘を描いた劇画「じゃりん子チエ」を彷彿させる環境である。酔っぱらいの男たちのなかには大声を発する者もいる。彫刻のように黙って動かない者もいる。いきなり殴り合いが始まることもある。小さな小春を抱き上げる者もいる。

小春は「こいつ、きかない子だ」と酔客に言われた。「利かん坊」の意味である。気性が荒いだけならよいが酔ってくだを巻く男は嫌いだった。そうしただらしない酔っぱらいと口喧嘩をした。小学校に入ったころに店番や酒の配達も手伝った。魚市場の職員、仲買人、水産加工場などで働く男たちが仕事帰りに立ち寄った。

いずれにしろ広大な海がもつ生命力が涸渇しないかぎり、荒くれ男たちは元気なのである。小春が成長の過程で細胞にしみこませてきたものは港町の気風であった。

午後二時四十六分に大きな揺れが襲った。

一景島保育所には七十五人の幼児が通園している。その日は四人欠席で七十一人いた。保育士は十一人である。事務室に取り付けてあった防災無線の個別受信機から、あの未曾有の地震が保育所に伝わる寸前に、六年間一度も鳴ったことのない緊急地震速報を初めて聞いた。

保育所は木造平屋建てで二棟に分かれている。林小春所長は三〜五歳児がいる保育室に向かって走り出した。事務所にもう一人、栄養士がいた。栄養士は二歳児以下の赤ちゃんがいる別棟へ走った。走る寸前、互いに「地震が来る‼」と大声を上げたのだが、事務室を飛び出すやいなや大きな揺れがやってきた。

林小春は即座に野球のグラウンドを挟んだ向こう側に建つ中央公民館への避難を決断した。中央公民館の横には気仙沼市勤労青少年ホーム、気仙沼市勤労者体育センターが並んでいるが、いずれも小振りの建物である。大きなホールがあり、屋上もある中央公民館は一時避難場所（津波避難ビル）に指定されていた。

一景島保育所では隣の障害児童施設マザーズホームと共同で毎月一度、避難訓練をしている。二日前には実際に避難した。

三月九日午前十一時四十五分、三陸沖を震源としたマグニチュード七・三の地震が発生、宮城県北部の震度は五弱でかなり大きな地震である。この地震では速報のシステムが気仙沼の予想震度を四程度と評価したため緊急地震速報は流れなかった。

気仙沼市の隣、南三陸町では海面が不自然に波立ったので、ギンザケの養殖漁場では網が引き波と押し波で幾度も巻き上げられ、ギンザケが暴れ回った。一年前のチリ大地震の津波ではいけすの網が皿のような形になり浮き上がったが、二日前はそれほどではなかった。カキの養殖場に多少の被害が出たり、宮城県の公立学校の入学試験日で受験生が机の下に潜ったりしたが、翌々日の大震災を予感させる気配はなかった。

翌朝の新聞もこう記している。

「三陸沖を震源に宮城県北部で震度五弱の揺れを観測した九日の地震について、東北大地震・噴火予知観測研究センターの松沢暢教授は、予想される宮城県沖地震との直接の関連はないとの見解を示した」（河北新報二〇一一年三月十日付）

林小春は気仙沼市内の他の保育所から一景島保育所に転勤して六年、所長になって三年目だった。震災の二日前の三月九日にも津波注意報が出たのだ。

一時避難場所とされている中央公民館に避難した。ゼロ歳児もいることから、一ヵ月に一回、新二階の和室で注意報解除を待った。ゼロ歳児もいることから、一ヵ月に一回、新入園児がいる場合などには二回訓練した。海からわずか百五十メートルという距離に位置する保育所として、「逃げる」ことを最優先してきた。一景島という名前の通り、現在の魚市場が立地する以前の昭和二十年代に気仙沼湾を埋め立てた場所である。海抜ゼロメートル地帯であり、気仙沼市史には昭和四十四年四月に設立されたと記録され、「低地のため増水時に被害が多発。昭和五十六、五十七年にかさ上げ工事」とある。同じ敷地内に翌年、障害児童施設マザーズホームが移設されている。地盤沈下が毎年続いていたのに加え、地球温暖化の影響なのかどうか、高潮や大雨で付近の道路が冠水することが常態となっていた。そのため市役所内では数年前から「乳児の保育は危険」との声も出て、乳児保育を他の施設に移管することも検討されていた。しかし結論は先送りされた。

いっぽうで一景島保育所の周辺には、気仙沼の経済を支える魚市場があり、製氷工場や水産加工場が集中的に林立している。加工場には多くの女性が働いており、ゼロ歳児から五歳児まで安心して預けておける一景島保育所は人気が高く、定員に対しつねに満杯状態であった。

危険区域に立地するゆえ気仙沼市の防災計画では、大きな地震、津波注意報、警報が発令されたら、すぐに一時避難所の中央公民館に避難するよう指示されている。三月九日も市社会福祉事務所の職員が避難の手助けに駆けつけた。さらに市は近隣の事業所にも、いざという場合の協力を呼び掛けていた。避難したのち公民館の和室から道路が冠水する様子が見えた。小さな津波は来た。日頃の訓練に加え、二日前に実地の避難訓練をしたことで、林小春の判断は素早かった。

訓練のときと同じですが、あの揺れ方は尋常ではなく、二日前の津波以上の大きな津波が来ると確信しました。二時四十六分の地震発生時、保育所はお昼寝の時間でした。わたしは保母と、そして手伝いに飛び込んで来たマザーズホームの職員らと、起きて驚いている園児に駆け寄り、揺れが収まるのを待ちました。しかしなかなかその揺れが収まりませんでした。このまま園舎にいるのは危険と判断しました。そこで着替えを終えた園児をつぎつぎと園庭に出しました。

年長組の五歳児は、小学校入学間近だったため、入学後に備えて昼寝の習慣をやめさせていました。園児は自発的に服の上にジャンパーを着始めていて、日頃の訓練の成果を見る思いでした。ジャンパーを着た園児は、速やかに園庭へ移動させました。昼寝していた四歳以下の園児は、パジャマのまま、その上にジャンパーを着せ、脱いでいた靴下は履かせず、素足のまま靴を履かせました。

時間との勝負、と思ったから。

すべての園児に落下物から頭を保護する防災用の帽子を着用させました。準備のできた五歳児から避難を開始しました。訓練や二日前の避難でも、園児全員の点呼を終えてから避難を開始するのが手順でしたが、あの日は、人数を確認できたところから、四歳児、三歳児と後続がつづき、笛をピッピッピッと吹きながら行進させました。

ゼロ歳児など乳児もいることから四、五人が乗れる手押し車タイプの乳母車がありました。平常時には付近の散歩にも使っています。その避難車は四台あり、保母はそこに訓練通りに、乳児を乗せ、保育所を離れました。ふだんから使用しているというのも、訓練の延長だと思いました。

園児たちのうち乳児の中には、泣き声を上げる子もいましたが、三歳児以上は大きな声で泣き叫ぶ子は一人もいませんでした。子どもたちは落ち着いていました。保母もしっかりしており、隣の障害児童施設マザーズホームの内海直子園長以下、職員の手伝いも大いに助かりました。訓練の成果もあるのでしょうが、必死な大人の様子を察して、子どもたちはおとなしくしていたという印象があります。

中央公民館は野球グラウンドを挟み保育所と同じ敷地内にあり、地震発生から八分ほどで園児、保母らが全員無事に到着しました。避難は二日前の震度四の地震のときと同じく一番乗りでした。二日前と同じように二階の和室に上がり、到着した園児が座っていました。わたしが最後に到着し、二階へ上がろうとしたとき「大津波警報が発令された」と耳に入りました。「ここでも危ないかもしれない」という声があったと思います。

そこに男性の大声が響きました。

「ここじゃダメだ」

顔を見ると、わたしの実家で酒屋を経営している甥の奥玉真大でした。甥はわたしを名前の小春から「コーちゃん」と呼びます。甥の叫び声でハッとしました。

「コーちゃん、ここでも危ないぞっ。上さあがれ!」

そこで全員で三階まですぐに上がりました。何か、気が急《せ》いて、這い上がるというような気分でした。

林小春所長だけでなく保育士たちも迅速に動いた。やさしいお母さんという面立ちの五十三歳のベテランの保育士菅原英子は年長児童の五歳児を担当していた。五歳児の在籍は二十人だが一人が欠席で十九人いた。小学校入学に備え昼寝の習慣をやめて室内で遊ばせていた。地震の揺れが始まるとすぐ、いつもの訓練通りに机の下に園児全員が潜り込んだ。

あの大きな揺れにわたしはこれまでとは違うただならぬものを感じていました。園児もわたしの様子から、同様に察していたように見えました。わたしもふだんの訓練時とは違い、園児には厳しい声掛けになっていました。いつもの訓練では「机の下に隠れてね」「しゃべらないでね」とソフトに言っていましたが、あのときは「入って」「だまっていて」「泣かない」ときつい言葉を発し、命令口調になっていました。

五歳児ですから、敏感に、いままでとは違うと感じ取っていたと思います。わたし自身もあまりの地震の大きさに一瞬、動転しそうになりましたが、子どもたちの顔を見て「こんなことじゃダメだ」と気持ちを入れ替えました。それからは一度もへこたれる気分にはなりませんでした。いままでの地震ではわたしは机にもぐらず、園児だけが机にもぐるのですが、わたしも机にもぐりました。そこから園児たちを見て、指示を出していました。揺れはなかなか収まりませんでした。

ややあって少しだけ揺れが小さくなったときに、いったんすぐ隣にある事務室に戻りました。すると林所長が「大津波警報が出た」と大きな声を発している。

すぐに事務室に置いてあった、避難時に持つ非常用袋を持ちました。その青い袋には五百ミリリットルの水数本と、せんべいや乾パン、飴などが入っており、けっこうな重量がありました。

所長からは「三歳児、四歳児の保育士にも大津波警報が出たことを伝えて、五歳児からすぐに避難を開始して」と指示を受けました。そこで三歳、四歳のクラスに行って「ジャンパー着て、すぐに避難」と伝えてからわたしは五歳児の部屋に戻り子どもたちに「逃げるよ」と声を掛けました。


四歳児担当で二十四歳の高橋裕子は、ぽっちゃりと柔らかな頬、保育士歴二年の新人である。オレンジのチェックのエプロンの上に紺色のフリースを羽織っていた。林小春所長がまだ若い保育士だったころに保育所で育てられた新しい世代である。

十六人の四歳児を一人で担当していた。この日は一人が欠席で十五人だった。

昼寝をしていた四歳児は二時四十五分に起きることになっていた。揺れが起きたのは目覚めのためカーテンを開けようとしたときである。すると布団を頭に被った林所長がドアを開けて現れ「すぐ避難！　着替えしなくていいから」と叫んだ。

時間がない。パジャマの上にジャンパーを着せ帽子を被らせた。ほとんどの子は自分で身支度ができた。名簿と飴、ペットボトルが二本入っている非常用袋をつかんだ。

林所長はマニュアル通りに点呼をとる時間を省くため菅原英子保育士に早口で言った。

「全員揃うのを待たなくていいから、クラスごとに揃ったら避難して」

「五歳児、十九名、行きます」と菅原保育士は高橋保育士に言った。

「はい。四歳児十五名、行きます」と高橋保育士。

五歳児担当の菅原保育士が先に出発した。四歳児担当の高橋保育士がつづいた。

菅原保育士は赤い旗をかざしている。避難するときは五歳児を先導する先生が赤い旗を持って先頭に立つよう訓練してきた。


あの日も同じで、わたし（菅原）が赤い旗を持ちました。

園児はその赤い旗を目標に歩くようふだんから訓練していました。旗は一メートルほどの長さの棒の先に、A4判の紙ほどの大きさの布を取り付けたもので、保育所には事務室と五歳児の部屋の二ヵ所に常備していました。

担当の保育士は各部屋にある、五百ミリリットルの水二本と飴などが入った非常持ち出し袋と園児の名簿を持って、避難しました。わたしは事務室から持ってきた大きな避難袋だけでなく、各部屋の避難袋も同時に持とうとしましたが、重くて小さなほうは持ち出すことができませんでした。保育所から持ち出した水はペットボトルで十本程度です。

避難の途中、孫を迎えに来たおばあさんがいましたが、わたしたちは避難の歩みを全く緩めず「いっしょに、公民館に避難してください」と呼び掛けました。そしていっしょに避難してもらいました。安全かつ速やかな避難をすること、その方針は絶対に曲げないことを決めていましたし、津波が来る前に全員を無事に避難させるため、長年、歴代の保母が納得して、やりつづけてきたことです。だから、説得もしません。「いっしょに中央公民館に来てください」。それだけ。後にそのおばあさんからは「死なないで済んだ」と言われました。

ちょっと膝を痛めていて重いリュックサックを背負って急ぎ足で歩くことは難しいのですが、あのときは全く痛みも感じませんでしたし、駆け足さえできました。

一景島保育所は、園児の避難を速やかに行うため避難を補助してくれるよう、付近の事業所に申し入れをしていた。その事業所の一つに道路を挟んで隣に建っている冷凍食品工場の足利本店がある。足利本店は、魚市場でメカジキやモウカザメを買い付け、生のまま築地市場など全国各地に出荷している。製氷工場も経営している。工場の製造ラインを止め、保管庫の片づけをしているときに地震に襲われた。外に逃げろ、と誰彼となく叫び建物から道路に出た。眼の前に一景島保育所がある。

「津波くっぺから、保育所へ行くか？」

三人の若い従業員が白い服と長靴姿のまま走って来た。菅原保育士が赤い旗を掲げ出発するところだった。菅原保育士は「三歳未満の児童の避難を助けてください」と後列を指さし、四歳児の後方から続いて歩いてくる三歳児の誘導を早口で頼んだ。

足利本店の男手は役立った。中央公民館の玄関の段差で避難車（大型乳母車）が引っかかると、よいしょ、と引っ張り上げてくれた。避難車のなかには眠ったままの乳児もいた。避難車は階段の手前までだ。そこから先、「乳児はだっこしてください」と言われた彼らは二階まで幾度も往復してくれた。

一景島保育所の保育士は断固とした意志の塊であった。保護者に毅然としていたのは菅原保育士だけではない。公民館に避難した後、続々と保護者も来て、我が子を家に連れて帰ろうとしていた。

中央公民館にかけつけた保護者の一人、三十四歳の西城千佳子は看護師で勤め先の医院の白衣の上に紺色のカーディガン姿であわてて階段を上った。長女が気仙沼小学校にいるので四歳の次女を連れ出して合流しようと考えていた。

しかし、「外に出たら危険です」と制止された。

「上の娘が気小（気仙沼小学校）にいるんです。あっちのほうが高台で安全です」と粘った。

「確かに気小は高台ですが、もういつ津波が来てもおかしくありません」

「でも上の娘を一人にしておくわけにもいきませんから、次女を連れて行かせてください。お願いです」

「ダメです。園児を行かせるわけにいきません。お母さんもここに留まってください」

中央公民館に来る途中、車で渡った大川の水位は下がっていた。「引き波かな、もう津波が来るのかも」と直感した。六年生の長女は六時間目まで授業だから、学校に残っているはず、いちばん安全なところにいる、と思い直した。

保護者の中には「所長は?」と矛先を変える者もいた。林所長を含めて、それぞれが合計七十一名もの園児の動きに気持ちが集中しているので、所長であろうが、担当の保育士であろうが、答えは同じなのである。「帰られては困ります」「子どもたちだけ、置いていかれても困ります」「子どもを連れて帰っても困ります」と、全てにノーを出すよう意思は統一されていた。

魚市場に隣接して「海の市」という大きなサメのマークが描かれた二階建ての施設がある。一階が海産物の直販コーナー、二階がレストランで、土日になると駐車場に待ちが出るほど人気の観光スポットだった。「海の市」に勤務していた三十歳の尾形弘美は一景島保育所に四歳の息子を預けていた。埋め立て地にたつ建物は波打つように揺れ、天井の石材の破片がバラバラと落ちてきた。客を誘導しながら自分も外へ出ると、目の前で駐車場の地面が割れた。店内に戻ると、朝、人の背丈ほどまで積み上げた人気のフカヒレスープの箱が雪崩を起こし床に散乱していた。呆然としていると、同僚から「何をしているの。今日はもう仕事にならないよ。早く一景島保育所に行こう」と急かされた。

　尾形弘美の息子はすでに中央公民館二階の和室に避難していた。

「怖かったね。車に乗って帰ろうね」

　息子の手をとって部屋を出ようとすると保育士に止められた。

「すぐ津波が来るかも知れません。帰らないでください。どんな理由があっても、保育所として園児を帰すわけにはいきません。尾形さんもここに留まってください」

　厳しく諭された。

「あの、ちょっと息子をトイレに連れていきます」

　ここまで乗せて来てくれた同僚が駐車場で待っている。階段を降り始めた。ところが下で待っているはずの同僚が上がってきた。

「消防団の人に渋滞だから進んじゃダメと言われた。わたしも中央公民館に避難しなさいって」

　このとき「上さあがれ！」の声があって、園児たちは二階から三階へ移動しはじめるところだった。流れに乗って三階の調理実習室に入った。

以前から、絶対に帰さないという方針を園として決めていましたので、わたし（菅原保育士）ももちろんですが、他の保母さんも、そこは断固として、「ここに居てください」と、一人の保護者、園児も帰しませんでした。「この人の家は、たしか魚市場前だったな……」と園児のそれぞれの自宅も分かっていましたから、帰さない、という方針は揺らぎはしませんでした。

公民館の駐車場や、付近の道路に駐車した車の中に携帯電話を忘れたというお母さんがいました。彼女は「いざというとき、お互い連絡を取り合うことにしていますので、携帯電話が必要なんです」と話されましたが、そこも「行かないでください」と、はっきり言いましたし、彼女も従ってくれました。正直、杓子定規と感じ、ムッとした人もいたかもしれませんが、それでよかったと思います。でも全車のエンジンを掛けたまま、わたしたちに食い下がる保護者もいました。でも全員にダメだしをしました。

とにかく保母全員が異様な緊迫感に包まれていました。長年、訓練を重ね、実際の地震でも避難をしていますから、一景島のそれまでの積み重ねを含め、「いままでと何かが違う」と感じていたんだと思います。

最初は、二日前と同じく、二階の和室に入りましたが「ここで大丈夫か」という不安はありました。そうこうしているうちに「ここじゃダメだ」という男の人の声が聞こえました。わたしも最初からそう思っていたので、まさに「そうだよね」と思い、子どもたちを急いで三階に上げました。あの声が私たちの気持ちを代弁してくれました。

二歳児を担当していた四十四歳、痩身で敏捷な体軀《たいく》の遠藤留美は、いつものように昼寝中の子どもたちを見つめていた。そろそろ起こそうかなと思ったところだった。事務室前に行き林所長と立ち話をして、「お昼寝、終わる時間だから保育室に戻るわ」と事務室から一歩踏み出したとたん地震の大きな揺れに遭遇する。臨時の保育士一人が遠藤と二歳児の十一人を担当していた。十人が二歳児で、十人の一歳児クラス（ゼロ歳を含む）の手が足りないので、一歳児一人を引き受けていた。二歳児は一人が欠席だったから地震発生時は、一歳児クラス九人、二歳児クラスが十人いたことになる。

事務室にいた栄養士といっしょに二棟ある保育所の三歳未満児の棟に向け走った。林所長は事務室に戻るのをやめ、Uターンをして、三歳以上児のいる西側の棟に同じく走り出した。

ダッシュで戻ると臨時の保育士が一人で、部屋の真ん中にやや腰を屈めながら、手を広げて立っていました。子どものなかには目を覚まし、ふとんの上に起き上がっている子もいましたが、泣き声は聞こえませんでした。

わたしはまず「火は消したかな」とその臨時の保母さんに声を掛けました。ストーブがあったのです。彼女は「点火していません」と答えました。お昼寝中だったので、まだ点火する前でした。お昼寝していた部屋にあったブルーヒーターも、その西隣にあり、二歳児が遊んだりする小ホールの煙突付きの石油ストーブも点火していませんでした。ふだんからお昼寝が終わる時間を見計らって石油ストーブを点火しますが、あの日はまだ点火前でした。

部屋から庭に通じている避難口を開けに行きました。津波が来ると言われていた施設なので避難口には園児六人ほどが立って乗れる乳母車が二台、つねに置いてあります。

訓練も、翌月の行事予定を決めるときに必ず組み込んでいましたし、それは開所以来、毎月欠かしたことはありません。

二歳児は、起きて室内で活動するときは上靴を履いていますが、お昼寝だったので脱いでいました。二日前、津波注意報があって避難していましたが、それだけではなく、その日は変な胸騒ぎがありました。お昼寝の時にも、所長に「パジャマに着替えないで、寝せますか」と相談しています。「そこまではいい。いつもどおりに着替えさせる」という結論になりました。

しかし、何かいやな感じはつづいていました。いつもなら毛布を掛け、その上に布団を掛けますが、いざというときにかさばる布団は持ち出せないので、毛布は乳母車に突っ込んで、そのまま持って避難できると思い、そのようにしました。園児がお昼寝のため脱いだ上靴も一つの箱に入れておくだけでは、何か心配で、その箱も園庭に出入りするサッシの引き戸の近くに置いていました。ジャンパーもそれぞれの園児のロッカーに入れていますが、それを出して、やはり出入り口の所に重ねて置きました。誰かがわたしに、「やったほうがいい。備えておいたほうがいい」と伝えているかのようでした。

避難マニュアルでは「揺れが収まったら避難開始」となっていましたが、あまりにも長い揺れのため、収まるのを待つのが不安になったとき、隣接する障害児童施設マザーズホームの職員が園庭から入って来て「逃げよう」と声を掛けてくれました。ふだんから「津波は二十五分で来る」と言われていましたが、そのときは、もうすぐにでも来そうに感じていました。

そこで逃げることにし、わたしは部屋から子どもたちと毛布などを出し、マザーズホームの職員が受け取り、乳母車に入れる作業をしました。

いつも寝起きが悪く、昼寝の後、必ず泣く子がいました。その子は、たぶん大泣きすると思い、「抱っこするかして、逃げるしかないな」と思って、最後にその子の布団をはがすと、目を開けたまま無言でいました。泣いてもいませんでした。そこで「助けてあげるから、逃げよう」と声をかけると、ふっと自分で起き上がってわたしのところに来てくれました。乳母車二台には六人と四人で乗ったと思います。地震で避難するときは避難車にたまたま付いていたごみ袋に上靴や毛布を詰め込めるだけ入れ、さらに園児の頭にも毛布を被せました。てんこ盛り状態のため、逆に私は二歳児クラスの非常持ち出し袋が持てなかったのです。

マザーズホームの園長の内海直子さんから「後は？」と聞かれたので、わたしは「奥にいるゼロ歳児と一歳児の手伝いお願いします」と答えました。そして六人の子どもを乗せた乳母車を押して、走りました。

そのときは、自分の吐く息の音しか聞こえませんでした。二歳児とはいえ六人、しかも毛布なども積んでいましたので、いかに火事場の馬鹿力とはいえ、息が上がりそうになりました。体力が限界近くなったまさにそのとき、近くにある水産加工場の足利本店の従業員の人が手助けに駆けつけてくれたのです。三十代の比較的若い男性だったような気がします。その男性が避難車の前に回り込んで、乳母車を力強く引いてくれました。一年に一回、合同で避難訓練をしている事業所の人のおかげで、助かりました。

公民館にみんなが続々と避難して来ましたが、じつは一般の人はさほど緊迫感はなかったと思います。わたしたちだけがピリピリ感を前面に出していたかもしれません。子どもの命を守るのが仕事の保育士、しかも一景島の保育士だからだと思います。マザーズホームの先生も、子どもたちはいませんでしたが、同じだと思います。

海が見えるゼロメートル地帯の保育所でしたからふだんの生活でも、例えばプール遊びのときでも、必ず、着替えの場所、上靴を置いておく場所も決めていました。すぐに履いて逃げられるように、一つのかごにまとめて置いていました。プール使用時だけでなく、室内にいるとき、園庭で遊んでいるときと、あらゆる想定で、子どもたちが素早く避難できる態勢を考えていました。

他の保母もわたしも絶対に子どもを、迎えに来た保護者も、帰しませんでした。あの高さの津波が来るとはさすがに予想していませんでしたが、津波が来ることは確信していました。

避難して「園児たちは二階に」と指示されたとき、私たちは「えっ？　ダメだよ、二階じゃ」と思いましたが、それは明確な理由があるわけではなかったので、その指示に最初は従いました。いま思えば「一番上へ行きたい」と、そのとき感じていた気持ちをちゃんと伝えるべきだったと思います。

そうこうしているうちに「ここじゃダメだ」という男性の声が、響いたのです。

4

その叫び声を聞いたのは一景島保育所の保育士たちだけではなかった。

一景島保育所に隣接して障害児童施設マザーズホームがある。園長の内海直子は五十八歳、メガネをかけ細面の顔立ちで、芯の強さが姿勢のよさに現れている。長年、障害児を相手に辛抱強く仕事をこなしてきたのだ。

マザーズホームは気仙沼市社会福祉協議会が運営している。心身に障害のある幼児、小学生が通うデイサービス施設である。昭和四十九年に気仙沼市本町に重症心身障害児者施設として設立され、十年近く経過したところで一景島保育所の南隣に移設された。比較的軽度の発達障害の子どもを受け入れる形態へ変わったとはいえ、移設する際、「津波の危険性がある海の近くで大丈夫か」と懸念する声もあった。一景島保育所とマザーズホームは平屋で隣り合わせ、園庭を共用していた。健常児といっしょに遊ぶことで発達を促す目的である。

内海は十五年ほど前に他の障害者施設からマザーズホームに転勤してきた。八年前からは、ずっと園長職に就いている。幼児と小学生を入れて三十五人前後が通っていた。定員は幼児、小学生とも各五人だが、代わりばんこの通園なので一日平均にすると幼児、小学生とも七、八人の受け入れ体制をとっていた。幼児部門は、障害について理解を深め、母親同士の交流を図るため「母子通園」という形をとっていた。幼児はお母さんといっしょに通っていた。月曜から金曜の午前九時半から午後二時ごろまで母子で過ごす。入れ代わり、小学生は放課後の午後三時から六時まで預かっていた。

一景島保育所の林小春所長が大震災の二日前、三月九日の地震で中央公民館へ避難したが内海園長も同じである。午前十一時四十五分の地震によりマザーズホーム事務所の柱が裂けた。もともと小さなヒビが気になっていたが一気に裂け目が広がった。裂け目は幅が二センチ、長さは二メートルほどあり、しかも前後にずれ、危険な状態だった。「これは修理を頼まないといけない」と、被害の様子を写真に撮り、施設の持ち主である市役所と連絡を取るつもりでいた。三月九日の地震は昼過ぎに二十センチほどの津波が来て、付近の道路は冠水した。だが一景島保育所とマザーズホームの園庭は土盛りして、やや高かったので津波の浸入はなかった。

マザーズホームでは月一回、中央公民館への独自の避難訓練をしていた。さらに年に二回、一景島保育所と合同での避難訓練もしていた。

三月九日の地震では津波警報でなく津波注意報だったので、園にいた幼児とその母親を帰宅させた。母子を帰宅させてから職員らは中央公民館に避難した。

三月十一日はいつもと同じ、午前九時半から午後二時までマザーズホームで母子と過ごした。小学生は放課後の午後三時からである。午後二時二十分ごろに二歳半から就学前までの幼児七人が、それぞれ母親の運転する車で帰宅した。通常は二時帰宅だが二日後の三月十三日の日曜日が卒園式の予定なので、その予行演習で二十分ほど遅くなった。地震発生まで三十分。帰宅させた後でよかったと思った。六人いる職員は全て女性で、そのうち二人は二手に分かれ、気仙沼市南部の階上《はしかみ》小、西部の九条小と県立気仙沼支援学校に計五人の小学生を車で迎えにいっていた。迎えはマザーズホームの職員がやり、六時の帰宅は保護者が行う。

二人の職員が車で各小学校へ迎えに出ている間、内海園長を含め四人はいつも行っている園内の掃除をしていた。

二時四十六分、大きな揺れで内海園長は事務室から園庭へ飛び出した。柱に裂け目があるため外のほうが安全だと思ったからだ。園庭からマザーズホームと隣の一景島保育所がガタガタと揺れているのが見えた。一景島保育所では年長児を除く園児は昼寝の時間で、強い揺れにおびえている様子が外から見えた。すぐに保育所内に入り、「大丈夫だよ」と園児をなだめたが揺れがなかなか収まらず、誰ともなく「建物が崩れたら危ないから、出よう」という声が上がった。避難用に保育所が用意していた数人が乗れる乳母車に保育士たちが「ぼんぼんぼん」と乗せている。さらに保育所を覗くと奥の部屋に七、八人の乳児がいるのが見えた。保育士が二人、子どもをおんぶしようとしている。おんぶは乳児一人ずつしかできない。内海園長はすぐに職員四人を呼び、一人ずつ乳児をおんぶした。焦っているため、子どもを背負い、おんぶ紐を結ぶという簡単な作業にも手間取り、とてももどかしい気持ちだった。

内海園長は、背中に一景島保育所の一歳児をおんぶしてから、忘れ物がないか、もう一度、マザーズホームへ戻ろうと思った。玄関のところで金魚の水槽の水がこぼれていることに気づいた。事務室に入ると自分の机の引き出しが開いている。預金通帳はロッカーの金庫だ。通帳は再発行してもらえばいい。園の重要書類は探している余裕もない。USBメモリをつかんで、足下にあったバッグに入れた。バッグには携帯電話とデジタルカメラとハンカチ、マザーズホームと車の鍵が入っている。早く逃げないと、背中の子どもが津波にやられてしまう。玄関にシルバー色の非常持ち出し袋が置いてあった。持っていこうと思って持ち上げたが意外に重量があった。背中に子ども、そのうえもう一つリュック、津波が来る恐怖。リュックは諦めた。急がなければならない。

小学生を迎えに車で出かけた職員二人のうち一人は運転していて、激しい揺れに驚き、気仙沼市を流れる大川の最も下流にかかる曙橋の手前でマザーズホームに引き返す判断をした。そのまま渋滞していた国道四十五号線に入っていたら津波の来襲を受けていたかもしれない。もう一人の職員は津波が届かない高台の支援学校に到着したところで巨大な揺れに遭遇する。

途中の曙橋で引き返した四十八歳の中嶋明美は、内海園長が頼りにしているリーダー格のマザーズホーム職員である。中嶋明美は、携帯電話がビュービューといままで聴いたことのない音を発するので車を止めた。緊急地震速報であった。すぐに揺れが車を襲った。ブレーキを掛けて止めた。前にいた車二台も止まった。後続の車もいっせいに止まった。JR気仙沼線のガードを潜ったばかりのところだった。信号機の鉄柱が傾き倒れかかりそうだった。車は跳ね上がっている状態で、必死でハンドルを握って耐えた。揺れが収まってから引き返すことにした。二日前の地震とは桁違いの揺れなので「これは大きな津波が来るかも」と思った。

中嶋明美が引き返したとき、一景島保育所の園児たちの避難は始まっていた。訓練通りか、それ以上に素早いような気がした。子どもたちは、いつもの訓練のときと全く変わらず、一列に整然と並んでいた。あの揺れの直後なだけに、その平静な行動に感心した。

「公民館から見て南側にあるマザーズホームの駐車スペースに車を置き、わたしはまずマザーズホームの建物に入りました。玄関を開けたら、金魚を入れた水槽があったのですが、その水があふれたのか、水浸しになっていました。玄関から入るのをやめ、事務所のサッシ窓を開けて入りました。自分の席にあったかばんを背負い、出ようとしたが机の引き出しが全部開いていて、そこに飴が一袋あるのが見えました。二日前に避難したとき同僚から「中嶋先生はいつも机の中にお菓子とかあるのに、なんで、それ持って来ないの？」と、ちょっとからかわれるように言われていたことを思い出し、その飴の袋をかばんに突っ込みました。

中央公民館に向かうと、玄関で、吉田英夫館長さんが「早く来い！」「早く来い！」「津波が来るから、早く来い！」とすごい勢いで叫んでいました。それで早く行かなきゃとダッシュしました。

到着すると、保育所の三歳未満児の子どもたちを避難車から下ろしているところでしたので、それを手伝いました。私は一歳くらいの男の子を抱えて館内に入りました。そして二日前と同じく、二階の和室に入りました。わたしが入ったのは最後のほうでした。

内海園長も中嶋明美も「ここじゃダメだ」という大声を聞いている。方言に忠実に表現すると「ここじゃダメだ。上さあがれ！」と叫ぶ声である。

林小春所長は首に下げた笛を思いっきり強く吹いた。二階の和室から三階へと移動が始まった。

奥玉真大は中央公民館の入口から駆け上がって二階に着くと、一景島保育所の園児らだけでなく祖母と母親も避難していることを確認した。我が子二人の保育園児もいる。「コーちゃん、こんなところにいたらダメだ。死ぬぞ。上さあがれ！」と叫んだあと、待てよ、と考えた。避難が長丁場になるかもしれない。階段を駆け下りて車に乗った。

奥玉屋には水やカップ麺などの食料も売っている、店の商品を積めるだけ車に積み込もう。中央公民館の駐車場に止めてある車の運転席に坐ってエンジンをかけ、テレビのスイッチを入れた。津波によってフェリーが岸壁を越える映像が流れている。気仙沼港の映像かもしれない、そうでない他の地域かもしれない。いずれにしろこれはダメだ、と車から飛び出した。すでに津波が静かにひざまでひたひたと染み込んでいる。やがて中央公民館の右手の奥にある一景島保育所の向こうの二階建ての建物が音を立てて崩れていくのが見えた。車で向かおうとした道路を近所の老夫婦が歩いて来る。中央公民館に向かっている。妻のほうは夫に五メートルほど遅れている。黒い水が野球場をさわさわと流れてきた。とっさに走り寄り、夫のほうを抱きかかえるようにして、中央公民館の非常用の外階段を昇った。津波の濁流がグラウンドの土を巻き上げながら押し寄せてきた。一人を助けるのが精一杯だった。

第二章　三陸の海

5

『戦艦武蔵』『零式戦闘機』『破獄』『関東大震災』などの歴史文学、記録文学で数多くの名著を残して二〇〇六年七月に七十九歳で亡くなられた作家吉村昭には、『三陸海岸大津波』（文春文庫版、新書の初版は一九七〇年・昭和四十五年）という東日本大震災の到来を予知し、警告していたのではないか、そんな想像をかきたてられる作品がある。

吉村昭は何度か三陸沿岸を旅して「海岸線をたどったり、海上に船を出して断崖の壮絶な美しさを見上げた」が、「いつの頃からか津波のことが妙に気にかかりだした」と記していた。

「ある婦人の体験談に、津波に追われながらふとふりむいた時、二階家の屋根の上にそそり立った波がのっと突き出ていたという話があった。深夜のことなので波は黒々としていたが、その頂きは歯列をむき出したような水しぶきで白く見えたという」

この話に触発されて体験談を聞いて回っているうち、資料を集めることにして

「ひとつの地方史として残しておきたい気持になった」と書いている。

明治時代からこれまで、東日本大震災を別にして、つまり吉村昭が『三陸海岸大津波』を著す昭和四十五年までに大きな津波は三回、三陸海岸に襲来していた。

ひとつは明治二十九年（一八九六年）の津波、つぎは昭和八年（一九三三年）の津波、さらに昭和三十五年（一九六〇年）のチリ地震津波である。こうして三回の大津波に、平成二十三年（二〇一一年）三月十一日の東日本大震災を加えると、数十年に一度、ひとりの人生のうちに一度は、三陸地方が大津波に襲われている、とあらためて思い知らされるのだ。

三陸海岸とは、青森、岩手、宮城の三県にわたる太平洋に面したエリアである。

歌手森進一のヒット曲「港町ブルース」（一九六九年レコード大賞・最優秀歌唱賞）では北から順に函館（北海道）、宮古・釜石（岩手県）、気仙沼（宮城県）と登場して来る。気仙沼市の港ふれあい公園に「港町ブルース」の歌碑が建っている（東日本大震災時に津波の被害で傾いたが現存している）。

三陸海岸から連想するのはこうした港町と、屹立《きつりつ》する断崖と鋸《のこぎり》の刃のように入り組んだ海岸線だろう。位置は青森県の八戸から南、東北の中心都市である仙台から北東に位置する牡鹿半島まで、六百キロメートルにわたり列島が海に膨らんで迫り出したリアス式海岸が三陸地方と呼ばれる。ひとまず青森、岩手、宮城の行政区の県境にとらわれない、まとまりとしての「三陸地方」なのである。

明治二十九年の大津波の時代。「三陸沿岸地方は、文明の恩恵から遠く見放された東北の僻地にすぎなかった。深くくいこんだ無数の湾内には小さな漁村が点在していたが、内陸部と通じる道路はほとんどなく、舟をたよりとした海上連絡があるのみで、各町村は、陸の孤島とでもいえるような孤立した存在であった」（『三陸海岸大津波』）

いっぽうで三陸沿岸地方は南から上ってくる黒潮と北から下りてくる親潮がぶつかり豊かな漁業資源をもちあわせていた。沖合にはマグロ、カツオ、イワシ、沿岸の岩礁にはタコやウニ、海草にも恵まれている。だが、いくら漁業資源が豊富でも、消費地への輸送手段がなければ小さな漁村は貧しいまま繁栄にはつながらないのである。「港町ブルース」のタイトルにあるような港町になるまでには、近代化の歴史を歩まなければならなかった。

そもそも「三陸」という我われが知っている名称は古来の歴史にはなく明治時代に新しくつくられた呼称だった（米地文夫・今泉芳邦「地名『三陸地方』の起源に関する地理学的ならびに社会学的問題」）。

現在の東北地方六県は北から青森、岩手、秋田、宮城、山形、福島であったが、江戸時代までは陸奥《むつ》の国と出羽の国であった。陸奥は「みちのく」とも呼ばれた。

明治維新で薩摩・長州が幕府軍を破った戊辰戦争で、佐幕系の東北諸藩は朝敵として処断され現在の県に近い形に分割された。陸奥の国は陸前、陸中、陸奥の三陸と磐城、岩代に、出羽の国は羽前、羽後の二つに分けられ、分割された仙台藩は北部が岩手県に編入された。気仙沼は宮城県と岩手県の境界、宮城県側になり、気仙沼の北隣は、岩手県気仙郡となり、県境は不自然なかたちで残った。注目しておきたい事柄は、明治時代に行政的に用いられた「三陸」は内陸中心の呼称であったことだ。

中央、すなわち東京の為政者から見ると、仙台の奥、北上川に沿う内陸部が「三陸」の中軸としての位置なのである。「三陸」という、一般に使用されることがなかった便宜的な呼称が、突然、新聞紙面に登場するのは明治三陸大津波からだった。

明治二十九年の津波は死者・行方不明者が岩手県で約一万八千人、宮城県と青森県で約四千人、計二万二千人という大惨事だった。

吉村昭著『三陸海岸大津波』では「ジャバ島近の島の火山爆発による津波につぐ世界史上第二位」で、日本最大の津波とされている。平成二十三年の東日本大震災については後に詳しく触れるが、マグニチュード九・〇で、日本周辺における観測史上最大の地震と認定された。死者・行方不明者は一万四百八十六人だった。

『三陸海岸大津波』には、津波は、約六分間の間隔をおいて襲来、第一、二、三波を頂点として波高は徐々に低くなったとされ、津波の高さは平均十メートルとも十五メートルともいわれている、とある。しかし、古老に訊ねると深い湾の奥へせり上がった津波は、高みを一気に駆けのぼって四十メートルあるいは五十メートルの高さまで達した痕跡があったという。およそ、という意味合いであろう。気象庁が警報を出して発表する津波の高さは、海岸線において津波が平時の潮位からどれだけ海面が上昇したか、その高さのことである。五十メートルとは、岸から内陸へ津波が駆け上がる遡上高を指している。

　東日本大震災でも場所によって波高は十六メートル、最大遡上高は四十・一メートルに達している。

　明治二十九年の大津波は「三陸の沿岸を去る遠からざる海中において大地震ありしため」などと新聞が報じることで「三陸」の地名が定着するきっかけをつくった。

「こののち『三陸』と呼ばれるようになる八戸以南、牡鹿半島以北の地域は、実はこの津波の激甚被災地の範囲と一致する。すなわち、『三陸』が、第一に海岸を指し、第二に太平洋を指し、さらには北上山地の東側にあたる岩石海岸部を指す、というような明らかに地域的に限定された範囲を称するようになるのは、この明治三陸大津波からなのである」（前掲「地名『三陸地方』の起源」）

　内陸の「三陸」から海岸の「三陸」となった。総称が「三陸」として知られるようになっても生活、生産、自治の機能は、浜、浦、磯などまだ小さな漁村単位であった。

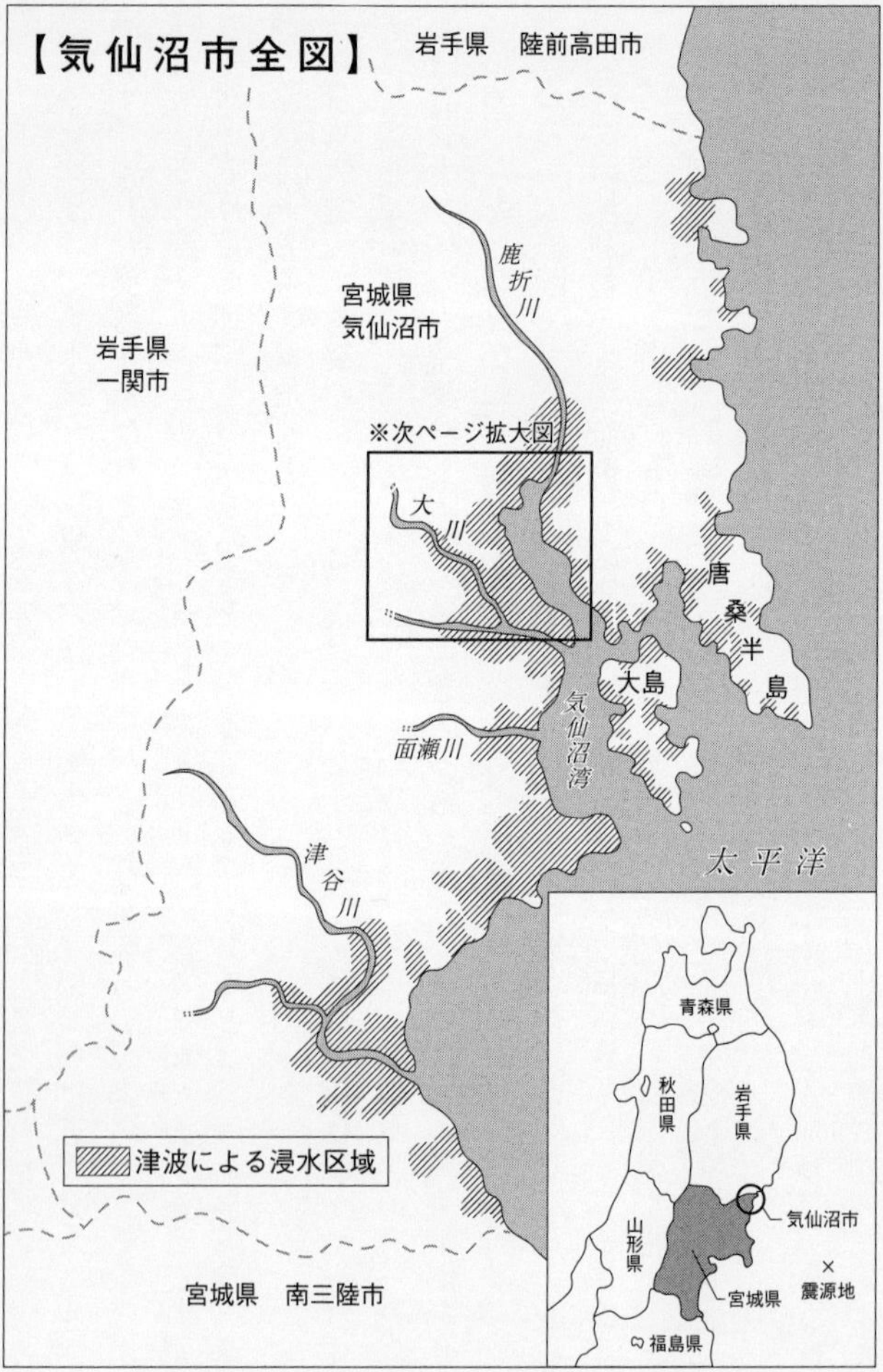
【気仙沼市全図】
岩手県　陸前高田市
鹿折川
宮城県
気仙沼市
岩手県
一関市
※次ページ拡大図
大川
唐桑半島
大島
気仙沼湾
面瀬川
津谷川
太平洋
津波による浸水区域
青森県
秋田県
岩手県
山形県
気仙沼市
×
震源地
宮城県
福島県
宮城県　南三陸市

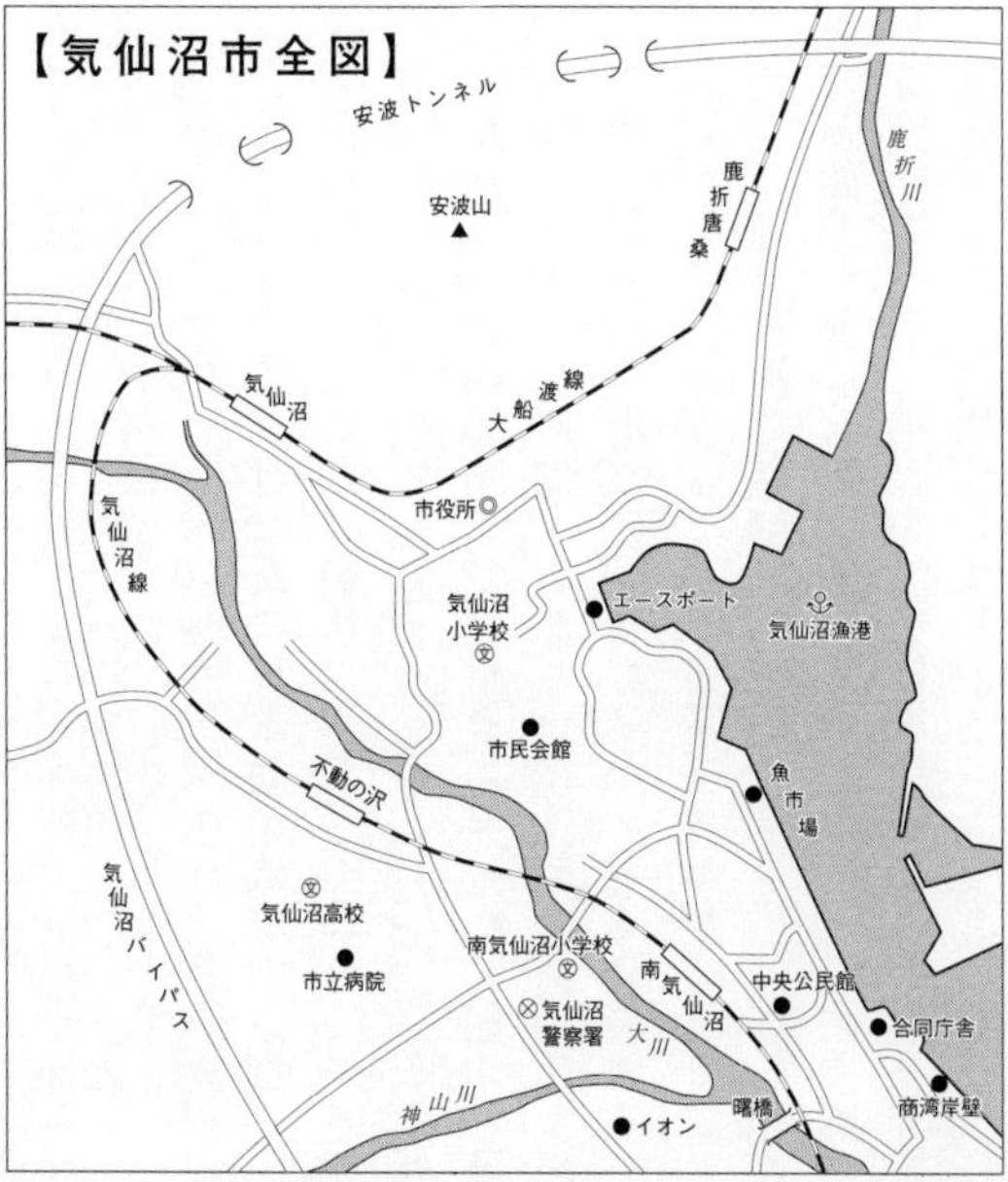

明治時代に幹線の鉄道が開通するが、仙台などの平野部と異なる三陸が表舞台へ出るには、別の展開が必要だった。いまでもその地勢的な特徴はつづいている。

たとえば東北新幹線で気仙沼へ行こうとすれば仙台の先の一ノ関まで行き、そこからローカル線を選ぶか、狭い国道を選ぶしかない。東京から一ノ関まで二時間余なのに、そこから気仙沼まで一時間三十分もかかる。仙台からなら三時間はかかる。陸路で考えると気仙沼はまったく不便なところである。

しかし、海に囲まれている日本列島は、各地の港が世界への出入り口なのである。

港と港の間の陸地とは別のネットワークが開けている。

気仙沼を訪れたときに、被災した料亭が仮設店舗に移っていてその名前は「世界」であった。被災前の写真が貼ってあった。写真には生け垣と石灯籠のある手入れされた庭があり、それが東京・赤坂の老舗料亭のようにも見えるのだった。「割烹世界」は昭和四年創業である。

地元の人に案内されて入った民家風の小料理屋のカウンターでは鹿児島県から来た漁師がカツオの刺身を肴に日本酒を飲んでいる。

大正八年には気仙沼に製氷工場がつくられている。輸送幹線から遠い漁業基地における いわば生産地冷蔵庫の誕生だった。「日本冷凍食品事業発祥之地」という記念碑がある。漁船もエンジン付きの発動機漁船の普及がそのころ始まっている。昭和初期には大型漁船はともかく小型漁船の造船所が湾内にいくつもできた。

戦後の高度成長期には沖合漁業が大きく発展する。三陸沖は北から下りてくる親潮と南からの黒潮がぶつかり世界三大漁場とも呼ばれた。三陸地方は沖合漁業だけでなく、遠洋航海の基地としての役割も増していった。造船需要は拡大し主要漁港では造船業が発展した。それと並行して、船舶機器、無線・通信機器、漁労機器、魚群探知機メーカーなど漁業技術に関わる中小企業、雇用も増えた。

気仙沼で中学校教師をつとめた経験のある作家熊谷達也はこう述べている（「環」

二〇一一年秋季号)。

「気仙沼に限らず、東北や北海道の太平洋側の港町にはおおむね共通しているのだが、どの町も、大正期から昭和四十年代あたりまでが最盛期だった北洋漁業(サケ・マス及びカニ漁)とともに大きく発展してきた。加えて気仙沼の場合は、むしろこちらのほうが主なのだが、サンマやカツオ、近海及び遠洋マグロの漁業基地として、全国有数の水揚高を誇ってきた。そういえば、気仙沼での教員時代、家庭訪問の帰りに丸々と太ったカツオを一本とか、マグロのブロックをひと塊とか、気前よくお土産に持たされた(長閑な時代だった)ものだ。あるいは、フカヒレといえば気仙沼、というのも最近では周知のことだし、唐桑《からくわ》半島を中心に牡蠣の養殖も盛んだ。実際のところ、単なる漁港というより、まさしく一大漁業基地で、地元の船だけではなく全国から漁船が集まり、気仙沼港に水揚げしてきたのである」

　親潮に乗って南へ下りてくるサンマを追って北海道から、また黒潮とともに北上するカツオを追って千葉県、静岡県、高知県、鹿児島県などの漁港から、広域な交流が繰り広げられてきた。

　遠洋漁業の基地でもあった。

「気仙沼という街や人びとに対して閉鎖的なイメージを描くのは間違いだ。事情はまったく逆なのである。気仙沼の人びとは、ずいぶん早くから、海を通して外の世界と繋がっていたのである。典型的なのは遠洋マグロ漁で、ハワイ近海からペルー沖、オーストラリアやニュージーランドと太平洋を駆け巡り、異国の街の土を踏んできた。漁船の乗組員だけでなく、船のエンジンや搭載機器のエンジニアもしょっちゅう海外出張をして、外国の港で船の面倒を見てきたという。現役を引退したお年寄りが、スペイン語がぺらぺら、などということもざらにあるのが気仙沼である。ようするに、宮城県の経済の中心地である仙台のほうを見たり、顔色を窺ったりする必要は、端からなかったのだ。そんな親たちの姿を見て育つのだから当たり前だが、気仙沼の子どもたちは、おしなべて逞しい」

陸地である日本列島をポジにして、海洋をネガにしてみると、三陸地方はきわめて孤立した僻地《へきち》に見えるが、海洋をポジにして日本列島をネガにしてみると、ハブ空港のような姿の別の見え方になってくる。

『気仙沼市史』をひもとくと「三陸のリアス式海岸の一つの入り江である気仙沼は特に深く入り込み、湾内の大島は離島であり、また隣接する唐桑は湾外に突出する半島であるため陸路より海路のほうが便利である」と記されている。

気仙沼湾は湾口に周囲二十二キロの大島を抱えている。湾の形を、ジャンケンの左手のパーとすれば大島は、そのパーに緩く包まれたグーである。湾の入口から湾奥まで十キロメートルで水深は五メートルから四十メートルほど。パーとグーの隙間は小さな瀬戸内海、と思っていただくと漁港としての好立地が理解できる。波の静かな内海には、ワカメやカキの養殖場がある。大島は太平洋の荒海に対して天然の防波堤となり、沖合が時化《しけ》ても湾内は穏やかで漁船の避難場所としても安全であった。

6

二〇一一年三月十一日午後二時四十六分、宮城県牡鹿半島の東南東沖百三十キロメートル、仙台市の東方七十キロメートルの太平洋の海底を震源地として東日本大震災が発生した。マグニチュード九・〇で、一九六〇年のチリ地震の九・五、一九六四年のアラスカ地震の九・二、二〇〇四年のインドネシア・スマトラ沖地震の九・一、それらに次ぐ観測史上、最大級の地震であった。

地震直後の午後二時四十九分に気象庁はマグニチュード七・九と発表し、同時に岩手、宮城、福島、青森、茨城、千葉の太平洋沿岸などに大津波警報を発令し、津波到達時刻を午後三時とした。

気仙沼市（震災時人口七万四二四七人）と南三陸町（震災時人口一万七六六六人）の消防行政は「気仙沼・本吉《もとよし》地域広域行政事務組合消防本部」が管轄している。本部に四課、気仙沼市に一署一分署三出張所、南三陸町に一署一出張所を配置し、職員数は百七十九人、震災前の消防車両等は三十八台と高速消防救急艇一艇を保有していた。そのほか各地域の消防団員もそれぞれが役割を果たす仕組みである。

気仙沼市と南三陸町それぞれの消防署長の上に、消防本部の五十八歳の千葉章一消防長がいて指揮を執る。消防団員も消防長が召集して情報の共有をはかる。気仙沼市と南三陸町は合併していないが、消防は一元化していたのである。防災センターは十五年ほど前、気仙沼湾に面した気仙沼市南方の高台に建てられた。気仙沼消防署と同じ場所にある。湾口より南にある本吉地区やさらに南の南三陸町エリアを統括しやすい位置にと配慮してある。

気仙沼・本吉地域消防本部のトップ、千葉消防長は高台にある防災センターの消防長室におり、地震発生時すぐ机の下に身を沈めた。強い揺れが三分ほどつづいた。庁舎内の震度計を見ると震度六弱であった。

いつもなら長くて一分程度の揺れが、三分も強い揺れが続いたので、想定されている「宮城県沖地震」の連動型だと直感した。

「もし連動型ならシミュレーションではマグニチュード八の場合は本吉地区は十メートルの津波が想定されている。すぐ十メートルの津波に備えるように」

との指示を出した。

千葉消防長は防災センターに消防特別警戒本部を立ち上げた。被害状況の確認体制と通信指令室からの広報活動が始まっている。「二号配備」と呼ばれる非番の職員も近くの消防署ないしはすぐに現場へ向かえ、という最高度の指示を発してある。また消防団の屯所《とんしょ》の団員は「高台避難」広報を開始した。消防団は民間のボランティア組織なので、事前命令で各地域の消防屯所に自主的に参集して担当が決まっている付近の水門門扉の閉鎖と避難広報活動をすることになっている。防災無線で大津波警報を広報し、拡声器で車でなく徒歩での避難を呼びかけた。消防署や出張所ではサイレンを鳴らした。

仙台管区気象台は二時五十分、予想される津波の高さは六メートルと発表した。

「それなら（太平洋に面した）本吉地区も六メートルぐらいだろう。ならば湾口で三、四メートル、湾内の市街地はそれほどの被害はなさそうだな」

少しほっとしたのも束の間、大島出張所海面監視隊から「午後三時、引き潮を観測」と報告がきた。千葉消防長は想定がつぎつぎと覆されていく事態に直面する。

通信指令課に各隊への出動を指示しているが、想定は六メートルである。

消防職員は過去の災害を教訓に、毎月十五日に、宮城県沖地震を想定した図上訓練として災害対処訓練を行っていた。訓練ごとに活動計画を検証、見直しもやっていた。マニュアルがつくられ、津波浸食の予想区域はたたき込まれていた。

マニュアルには、津波到達予想時刻の十分前までにはハザードマップで予想された浸水予想地域から完全撤退する、とある。消防士は果敢で、より危険な領域にすすんで踏み込んでいく。しかし、より有効な消防活動は事態の見極め、退避と撤退のタイミングなのだ。津波到達後の対策も考えなければいけない。それでも十名が殉職、南三陸消防署とその周辺で活動中に津波にさらわれた。

気象庁は三時十四分、宮城県内で十メートル以上の津波が襲来している地域があると発表した。「困ったな」と戸惑ったのは千葉消防長である。すでに出動している各隊は六メートル想定を前提に走り出している。すぐに十メートルの津波が想定される警戒区域外への退却命令を発した。消防車両や職員の無線の受信機に届いてはいるが、消防職員は現場で大声を張りあげ駆け回っていて伝わりにくい。

管内各地から報告が入ってくる。それぞれ場所によって津波到達の速度も高さも方角も異なっている。三時十八分に南三陸町に第一波が到達する。三時二十二分、気仙沼湾口の水門を遠隔操作するため防災センターに設置されている監視モニターの映像が途切れた。想定外の災害を如実に突きつけられた瞬間だった。気仙沼湾の北部、唐桑半島の漁港に浸入したのは三時二十六分、南気仙沼の魚市場や中央公民館付近に濁流が押し寄せるのは三時三十分過ぎだった。

地震発生から南気仙沼の中央公民館に津波が襲来するまで約四十五分かかっている。この四十五分間、千葉消防長は指示を出し、報告を耳に入れ、責任感で胸が締めつけられ、大声も出し、一秒たりとも気を緩められない時間を背負っていた。水産加工場で働いている妻から「避難する」との携帯電話のメールを受け取っていたが、ちゃんと避難したかどうか確認していなかった。別の水産加工場に勤務している長男とも、連絡がとれていない。東日本大震災で津波の来襲を受けた三陸沿岸では、消防士や警察官や市職員ら助ける側の人も、助けられる人と同じ境遇にいた。

7

緊急避難における行動は、葛藤の塊である。右へ行くのか左に行くのか、どこの位置ならどこへ向かうべきか、車の運転をつづけるのか降りて走るのか。誰もが危機管理のプロフェッショナルとはかぎらない。消防士や警察官のように行動原則がマニュアル化され、訓練を繰り返している人たちと、ふつうの生活者は違う。一景島保育所の保育士たちはゼロメートル地帯で乳幼児を預かっている責任感が危機意識に結びついていた。平時から避難訓練を本気でやっていた。

しかし、幾らプロフェッショナルであっても、想定通りにことは運ばない。その瞬間、何が起きたのか、これからどうなるのか。ましてや刻一刻と状況が変化しているなかで当事者が全体像を把握することはほとんど不可能である。

気仙沼市と南三陸町の人びと九万余の防災の責任者の千葉章一と、たまたま同じ千葉姓で気仙沼市消防団第二分団長がいる。千葉、菅原、小野寺、気仙沼市ではよく耳にする姓である。

身長百五十六センチでも体重が八十五キロ、六十一歳の千葉一志は文字通り転がるように動き回った。気仙沼市消防団第二分団長であり、第二分団は気仙沼南地区の担当、つまり中央公民館一帯が日常の活動の舞台だった。自宅は公民館から徒歩五分のところにあった。

千葉一志分団長の本業は家族経営の工務店社長、防災無線をキャッチして実際に現場へ行き水門を閉めたり、避難を呼びかけるのはこうした地元の生活者である消防団員、つまり隣人たちである。気仙沼市消防団には屯所が九十五施設あり、うち三十三施設が全壊、三施設が半壊した。九人が亡くなり、うち七人が公務中に犠牲となっている。

工務店社長の千葉一志は妻寿子を自家用の軽ワゴンの助手席に乗せ、建築現場へ向かっていた。突然、地面が揺れ電線が波を打ち始めた。千葉章一消防長が指揮を執る防災センター手前の交差点にたまたま差しかかったときだった。

すぐUターンして中央公民館へ向かった。妻の寿子が脳梗塞で左脚が不自由なので中央公民館へ避難させるためである。消防団第二分団長として、何か起きたらすぐ中央公民館、と呼びかけてきた。地震発生、津波、すなわち中央公民館、と意識の連鎖反応は速かった。

中央公民館に着いて妻寿子を内部へ導き入れたら、赤い旗を立てた菅原英子保育士を先頭にした一景島保育所の年長組の園児たちが避難してきた。つづいて手押しの乳母車に乗せられた幼児たちも着いた。

中央公民館の玄関先から公民館脇の道路を見ると、スーパーのレジ袋をぶら下げて歩く人、病院の通院帰りの人、自転車に乗っている人、みな近所の顔見知りで帰宅のため通りすぎようとしていた。地域住民の避難誘導は消防団の任務である。

「津波が来るから、いますぐ、ここさ入って」

小走りに道路に出て叫んだ。

「なんだべな」

「いや、とりあえず、家さ帰らないと」

いったん振り向くのだが、去って行く。

説得しているうちに大声を出していた。

「津波が来なければもうけもんなんだから、まずは公民館で様子を見て、大丈夫なら帰ればいいんだ！」

表玄関に保育園児たちが入って行くところなので、外階段のかんぬきを開けて屋上へ直行できる階段へ、「早ぐ、上がらいん」と通行人たちを誘導した。

気仙沼市職員には危機管理課に消防団係が三人いて消防団の庶務・後方支援を担当している。消防との連携が仕事の中心のため、職場は市役所でなく高台の防災センターの二階にあった。消防団係の新田英朗係長と同じ危機管理課職員の菅原幸典は、この日、消防団に配備してあった消防車積載の小型ポンプが故障していたので魚市場に近い修理工場へ持ち込んだ。業者に故障の説明をしていたところ、電信柱が倒れそうな横揺れに遭遇した。消防団係という仕事上、二人はすぐに高台の防災センターへ向かった。

防災センターで地震の規模、想定される津波の高さなどの情報を取り、消防団とも共有し、初動対応をとらなければいけない。途中、中央公民館の横を抜けて大川という河川に架かる曙橋を渡ろうとした。だが高台方面を目指す車は、大川に架かる橋が周辺に他にないのでさまざまな方向から曙橋に殺到、渋滞が発生していた。そこでカーラジオをつけた。時計を見ると二時五十五分で、カーラジオは三時に大津波が来ると気象庁の警報を伝えていた。

「このまま曙橋を渡る車列が動くのを待つか」「それとも戻るか」と二人は思案し、車が一寸たりとも動かない、と判断して車を道路脇に停車させ、捨てた。高台と逆方向の中央公民館へ走った。曙橋へ向かう車列は、中央公民館まで連なっていた。

小柄で太っている千葉分団長が中央公民館の前の道路で渋滞する車の窓をたたき手を振り上げて、降りて避難しろ、と叫んでいる姿にすぐ気づいた。直線の道路でも停電で信号が消えた交差点に我先にと車が四方から進入している。新田係長らは加勢した。

「もう津波の到達予想時刻は過ぎています。車なんか捨てちゃってください！」

カーラジオで聴いたばかりの情報である。無視する車が多かった。駐車場に車を置いてたばこをふかしている人がいる。歩いてくる近所のお婆さんは立ち止まり談笑している。

とはいえ、呼びかけは効果があった。近くの住民や水産加工場の従業員などどこへ逃げればよいか、迷っていた。届いた情報によって判断は違ってくる。

水産加工場カネダイは中央公民館から徒歩五分、大川沿いで、同種の水産加工場や加工の原料となる魚を冷凍保存しておく冷凍工場などが集中しているエリアにある。二階建ての工場敷地は広く、第一工場、第二工場、第三工場と並ぶ。一千五百トンを超える容量の冷凍保管庫を備えていた。約百人の従業員が、カツオ、マグロ、カニ、エビなど気仙沼の魚市場に水揚げされたもののみならず、世界中の食材をつかって加工食品を製造する。とくにボイルした「ずわいがに」の剝き身加工品は海外でも人気がある高級商品である。

二十年ほど前から中国に進出して山東省煙台市には自社工場を持っていたから、幹部候補生育成のため、優秀な中国人従業員を日本に呼び寄せている。エビの剝き身やカニの味付けの加工技術の研修をさせていた。白い帽子、白衣にビニールのエプロン、長靴、青いビニール製手袋という恰好は日本人従業員と変わりないし、手際もよい。即戦力の人材である。

気仙沼に来て三年目、二十代女性ばかり七人の中国人研修生に対する日本語研修を任されていたのは、四十二歳の根本和子だった。工場でもよく話し、「お母さん」と頼りにされていた。

「机の下にもぐれ！」

揺れが始まると業務部長が大声で叫んだ。サッシ窓が枠ごと外れ、廊下に落ちた。屋根の鋼板が跳ね上がり、隙間から空が見えた。中国人研修生には泣きだす者もいた。根本和子は、中国人研修生に二階の食堂へ集まるよう促した。そこから業務部長の指示に従い屋上に出ると、下の道路からマイク音が響いた。ポンプ車に乗った千葉分団長がハンドマイクで「津波が来るぞ」と叫んでいる。

「六メートルの津波が来るということだ。ここではダメだから、てんでんこで逃げろ」

業務部長も工場では津波に対する退避場所としての機能は充分ではない、と判断して逃げ方の重要なポイントを言った。

「車には乗るな」

「ジャンパーを持っていけ」

大川を渡って南の防災センター方面へ逃げる者、北の市役所方面の高台へ向かう者、根本和子もはじめはどちらへ逃げたらよいか迷っていた。中国人研修生が宿舎に私物を取りに行こうとしたので「ダメダメ、時間がないのよ。わたしについて来なさい」と言って飛び出した。十三人の日本人と七人の中国人研修生がひとつのグループになり、北の高台へ向かった。大通りを五分ほど歩き中央公民館の前に出たら、男たちがこっちへこっちへ、と叫んでいる。千葉一志分団長や中央公民館の職員らである。


会社では火事が起きた、地震が発生した、という訓練は年一回はやっていました。建物二階に避難を終えると、敷地内の駐車場に集まり、そこで消火器による初期消火訓練をしていました。ここまでは例年の一連の訓練でした。しかし、工場から逃げるという想定の訓練はしていませんでした。

それであのときは逃げる場所がそれこそてんでんばらばらになってしまいました。勤めている女性には小学生や幼稚園児の子どもを持つ人も多かったので、気仙沼小（南気仙沼小より市役所に近い高台）や、それぞれの子どもがいる保育所、幼稚園を目指す人もいました。大川にかかる曙橋を通り、気仙沼・本吉地域消防本部のある防災センター方面に逃げた人は、そこが高台なので安全だったようです。

「車には乗るな」という指示で、駆け出した工員もいたのですが、途中で息が切れ、近くを通りかかった車に駆け寄り、窓ガラスを叩いて、「行けるところまででいいんで、乗せてください」と頼み込んで、同乗させてもらった人もいました。車が目的地と違う方向に行く場合は、そこで下ろしてもらい、また同じ方向に進んでいる車に頼み込んだそうです。研修生たちは〝逃げる〟という言葉でパニックになりかけていた。敷地内にある合宿施設にそれぞれの私物を取りに戻ろうとする彼女らを必死で制止し、とにかく一秒でも早く避難することを伝えました。川沿いから離れ、一番大きな通りを気仙沼小を目指して、急ぎ足で歩き始めました。工場から中央公民館まで徒歩で五分でした。そうしたら公民館の男性職員だと思いますが大声で「こっちに避難してください」と叫んで誘導していた。他の工場の人などもつぎつぎとその声に従っていたので、「ああここが避難所なんだ」という感じで、研修生七人、わたしを含め日本人の従業員十三人の計二十人、外階段から公民館のなかに入りました。このときはまだ津波は来ていませんでした。すぐ屋上に上がりました。そこから外を見ていました。避難する際に、工場の周囲などを掃除するときに着用する厚手のジャンパーがあったので、それを着ていました。これも「ジャンパーを持っていけ」と命じる声があったからで、あの状況の中で、そうした的確な指示を出せる人がいたこと、それに従えたことは、その後の寒さとの闘いを考えれば、とても助かりました。研修生は工場で加工業務をしていましたので、白衣の作業着に長靴、そしてビニール製のエプロンをしていました。ジャンパーは研修生全員が着用していました。

8

中央公民館の吉田英夫館長は、いつもの朝、いつもの公民館、と予兆めいたものを感じていない。五十七歳、三年前からつつがなく高台の自宅との間を往復した。この日も、原付バイクで職場に向かった。中央公民館が沈没寸前の船のような事態に遭遇するとは……、確かに考えられないことなのだ。

二日前の三月九日に震度四の地震があったときには、津波被害の心配がなかった。気仙沼市が湾口に設置した潮位計がわずかに上昇したが、まあ、その程度、とすぐに日常を取り戻している。災害時には、一景島保育所園児の誘導のために社会福祉協議会職員が二人駆けつけることになっていた。実際に中央公民館に避難したのは一景島保育所の園児だけで、社会福祉協議会職員も来てくれていた。

この日、出勤すると新年度予算で中央公民館の設備、冷暖房を入れ替えることになっていたから、一階の事務室で配管の図面をチェックしていた。

館長といっても部下がたくさんいるわけではない。職員八人で、隣接の勤労青少年ホーム、勤労者体育センター（体育館）も管理しなければならない。八人は館長を含めて、である。うち女性職員が三人。三月十一日は二人が休暇をとり、一人が別の分館へ出かけていた。

午前中に配管の図面を見たので、午後は一人でホールの天井裏のキャットウォークに行き、図面片手に修繕すべき配管を確認していた。他の職員は一階の事務室にいた。

二時四十六分、突然、大きな揺れが襲った。埋め立て地独特のゆらゆらつづく震動を身体のバランスをようやく保って凌《しの》いでから、急いでホールのステージに降り、一階の事務室へ走った。

「玄関に亀裂が入りました！」

職員の一人が大声で言った。

「また下がったか」

玄関の階段と道路の境目に隙間ができていた。中央公民館のエリアは地震が起きる度に少しずつ地盤沈下が進行していた。一年前の地震でも亀裂が入り修繕している。

事務室の電灯が消えていた。停電なのだ。机の引き出しがぞろっと開いていた。館長は机の引き出しにあった携帯ラジオを掴んだ。二時四十九分、防災無線が「大津波警報発令」と知らせていた。

一階のロビーの奥の視聴覚室で気仙沼俳句協会の集まりがあり、「いまの地震、津波が来ると思いますのですぐ帰ってください」と伝えた。

それから玄関を出て隣の勤労青少年ホームと体育館に人がいないか確認に向かった。勤労青少年ホームでは不登校の子どもの支援を行う「気仙沼けやき教室」を開いているはずだった。建物から職員と生徒が駐車場に飛び出してきている。すぐに中央公民館へ入るよう指示したところ、赤い旗を立てた一景島保育所の菅原英子保育士率いる先頭部隊の園児たちが歩いて来る。

あとにつづく隊列が終わるのを待っていられない。たまらず列と逆行して一景島保育所へ確かめに行くと、林所長が戸締りしているところだった。マザーズホームからは乳児をおぶった内海園長が手提げ袋を手に外に飛び出した。

「早く、早く！」

吉田館長は園庭で手招きして急かすと、先に中央公民館へ走って行った。

千葉一志分団長に市役所消防団係の新田英朗係長らが加わって、通行人や渋滞の車列に中央公民館に避難するよう呼びかけている。千葉も新田も、高台側から中央公民館のある海側へ下ってきた。だから高台までの渋滞事情がわかっている。渋滞解消の目処《めど》がないまま留まっていると、確実に津波に呑み込まれる。時間との戦いである。いまから高台へ向かう車に対して必死でガラスを叩いても応じない車が多かった。

増援も来たので、「あとを頼む。もっと広い範囲で呼びかけてくるから」と千葉分団長は軽ワゴン車で消防団の屯所へ向かった。

付近の事業所や一般家庭から、通り合わせた人も中央公民館へ避難してきたので、玄関は混み合い屋上へ直接つながる外階段は列になった。階段の途中で足を止めてしまう人がいる。行列が立ち往生しないよう、吉田館長は「立ち止まらないで」と声を張りあげた。

三時三十分、津波襲来直前、吉田館長は気仙沼市役所に「こちら、四百人ほど収容」と報告した。

千葉分団長は、途中、自宅へ寄った。別の建築現場から帰った長男夫婦と三歳と一歳の孫がいたので、中央公民館に行って妻寿子の面倒を見るよう頼んだ。屯所に着くと水門を閉めて戻った団員がいた。ポンプ車で避難広報に出ようと助手席に乗り込んだ。カンカンカンと車両に装備している警鐘を鳴らした。

「六メートルの津波が来ます。すぐに高台へ避難してくださーい。車に乗っている人は、降りて徒歩で逃げてくださーい」

ポンプ車の拡声器では音量が足りないと判断してラッパ型のハンドマイクを取り出した。ハンドマイクで話していない間は、サイレンが鳴る仕組みになっている。津波警報が十メートルに修正されたところまでは情報が届いていない。無線で消防署同士のやりとりは聞こえたが、消防本部から消防団へ直接の指示はない。

千葉分団長の車は魚市場から中央公民館の一帯を、ハンドマイクで大声を出しつづけながら巡回した。タイムリミットが迫っていた。二度目の巡回では中央公民館から漁港方面へ向かった。そのとき公民館屋上に避難した人たちは、遠い沖から黒い津波がヌッと打ち上がったところを見た。消防団のポンプ車はその津波の方向へ向かっていることがわかる。屋上から「戻れ」「戻れ」「戻れ」の連呼なのだが、聞こえていなかった。魚市場の水揚げ岸壁のところに白波が立つのが見えた。

海岸に面している魚市場は、水揚げ岸壁に横付けされた漁船からサンマやカツオをクレーンで降ろしてセリにかける場所である。堤防のように長い長方形、天井の高い建物で駐車場は屋上にある。駐車場は高さが十メートル以上あり、そこで働いている人たちなど二百人が地震直後に避難した。

魚市場と道路ひとつ挟んで向かいに岡本製氷第二工場があった。魚市場と同様、津波に真っ先に襲われる位置であった。工場長の三浦徳夫は五十九歳、共働きで五十五歳の妻敏子は、中央公民館の敷地脇に立つプレハブ平屋建ての気仙沼市社会福祉協議会・一景島在宅介護支援センターに勤務していた。互いに歩いて五分のところで働いていたが、連絡をとる余裕がなく別々の方角に逃げた。

製氷工場は大量の氷が必要な夏場と違い、冬場や春先は需要が少ない。カツオやサンマの水揚げが集中する繁忙期にはできない機械類のメンテナンスがこの時期の主要な仕事である。三浦工場長は氷柱を運ぶフォークリフトの手入れをしている最中に、地震に見舞われた。あまりに大きな揺れなので、津波が来ると確信した。従業員五人に「みんな本社へ逃げるぞ」と声をかけ車で本社のある第一製氷工場へ向かった。車で二分のところに本社がある。本社も海沿いだから本社の従業員含めて三十人以上、いっせいに車に乗って高台にあるホテル観洋へ向かった。ホテル観洋は安全地帯であった。やがて津波に襲われる魚市場や岡本第二工場が見える位置である。

三浦敏子は職員二人、そして併設しているホームヘルパー事業所にいたヘルパー五人とともに中央公民館へ移動し始めた。揺れの直後に警報があちこち反響して、津波という言葉以外はよく聞き取れなかった。気が動転していて、すぐに避難すぐ避難、とブラウスにズボン、カーディガンを着ていたが逃げるときに厚手の冬用ウインドブレーカーを着た。三浦夫妻はほとんどの避難者がそうであるように、どこへ逃げたのか、互いの安否確認ができずにいる。

ホームヘルパー事業所からは中央公民館北側の外階段がいちばん近かった。室内の階段と別に二階屋上に直行できる非常用の外階段があるのだ。屋上の真ん中辺りに職員とヘルパーらで固まって人数を確認し合ってから携帯電話のワンセグでニュースを見た。岩手県宮古市の堤防を黒い水が乗り越えて来る映像を見た。「えっ、こんなに来るの」「これが、こっちにも来るんだ」とお互いの顔を見合わせた。周囲には同じようにワンセグで同じ映像を見ている人がいてざわざわっとした感じが広がっていた。屋上東側から「潮が引いてきたぞっ」と叫ぶ声が聞こえた。

すでに屋上からは引き潮が確認されている。魚市場に水しぶきが上がったころ、吉田館長は二階への階段を走っていた。奥玉青年の「上さあがれ！」で、一景島保育所の園児たちは三階への移動を終えかけていた。吉田館長の携帯ラジオは「釜石市に津波が到達しました。車両が浮いています」と告げている。三時三十二分である。二階にまだ十人ほど大人が残っている。車椅子の人が残っている。二階の窓から津波が見えた。

「協力してくれ」

車椅子の人を持ち上げ三階へ移した。数分後、津波は窓ガラスを割り二階の天井まで達した。

9

中央公民館脇の道路から高台へ向かうと大川という、幅が五十メートルほどの河川が流れている。宮城県と岩手県の県境を水源地とする延長十二キロほどの中小河川で気仙沼湾に流れ込む。このそれほど大きいとはいえない大川に大津波が遡上するのは三時三十分ごろである。五十メートルの河川の幅では収容しきれない巨大な黒波が鎌首をもたげて遡上しながら周辺の街区に溢れて一帯を水没させた。

東新技建という家族経営で土木工事業を営む三十代の軍司貴之・麻美夫妻には、南気仙沼小学校三年の娘と、一景島保育所五歳児組の息子がいる。

二日前の三月九日午前十一時四十五分に震度四の地震があったとき、麻美がいつもの時間に息子を迎えに行ったら、担当の菅原保育士に叱られた。

「今日、中央公民館に避難したのですよ。講習会でも繰り返しお伝えしているように、小さな地震であろうが避難するのです。お母さん方も、お仕事の都合がおありでしょうけども、公民館に駆けつけてくれないと」

東新技建は二階建て、二階が住居、一階が事務所である。携帯の緊急地震速報が鳴るとすぐ揺れだして机やキャビネットのスライド式のガラス戸が右に左に開いたり閉じたりを繰り返した。書類が散乱した。膝立ちになり机の上のデスクトップパソコンを抱え揺れをやり過ごすと、二日前に菅原保育士に叱られたことを思い出した。すぐに津波が来るかもしれない、保育所に行かなければいけないと考えたが、混乱した際の行動には振り返れば不可解な面がある。

まず津波が来ても濡れないように事務所の書類を二階に上げ、散乱していた冷蔵庫の中身を入れなおし、ブレーカーを落とし、戸締りをした。ダウン素材のジャンパーを着てリュックを背負いショルダーバッグをぶら下げ、タオルやデジタルカメラやチョコレートを入れた。外に出るまでに十分ほど費やしている。すでに三時近い。近くの信号が停電で消えていた。車より自転車のほうがよい、と正しい判断をしている。

娘が通学している南気仙沼小学校へ急いだ。大川のやや上流にある。校庭に生徒の姿はなく、三、四人の先生が避難してきた人たちを校舎内部へ、入れ入れと促している。時計を見るとすでに三時を過ぎている。防災の講習で地震から二十分で気仙沼湾口に津波が到達する、とメモした記憶があった。娘を探している時間がない。

でも今日は六時間目まで授業があり確実に校舎の中にいるはずだ。小学校は三階建てだから津波が来ても大丈夫、息子は一景島保育所だから中央公民館へ避難しているはず。まもなく津波が来てもおかしくない時間だ。いまから津波が来るまでに中央公民館へ辿《たど》り着けるだろうか。

　このまま南気仙沼小学校に避難したい、助かりたいと思った。しかし、もし自分が行かなくて息子が死んだら一生後悔する、と恐怖心を抑え込んだ。

　自転車を漕いだ。大川に架かる歩行者専用の橋の上で南気仙沼小学校へ急ぐ娘の同級生の母親とすれ違った。

「南小へじゃなくてどこへ行くの」

「息子が中央公民館に避難しているはずだから、そっちへ。南小へ行ったらうちの娘にそう伝えておいて。お願い」

　渋滞する車列の隙間を縫うように自転車を走らせた。車の人たちは、車を捨てて中央公民館に逃げればよいのに、と思った。ただ車内を覗くと、車を捨てられない事情もあるのだなとわかった。

　運転しているのは女性が多く、助手席や後部座席にはおばあちゃんや子どもが乗っていた。歩いて避難するのはかなり難しそうだし、脇道にも入れない状態で車を捨てたら、後ろの車に迷惑をかけることになる。

津波は三時三十分過ぎに中央公民館に押し寄せるが、その直前、麻美は中央公民館に着いた。外階段から屋上へ駆け上がった。屋上は避難者でごったがえしていた。「こんなところにいたらダメだ。上さあがれ！」という奥玉青年の声で、林小春所長が笛を鳴らして、一景島保育所の園児たちを二階の和室から三階へひと塊になって移動させた直後で、そのなかに顔を手で覆って泣いている息子を見つけた。「お母さんだよ、来たよ」と声をかけ抱いた。

娘は南気仙沼小学校、息子はいま中央公民館にいる。東新技建の現場は大川沿いの道路の下水道工事であった。夫の軍司貴之はそこで現場監督をしていた。下水道工事は片づいてあとは舗装をするだけのところに地震発生。作業車が道路を塞がないよう動かしたりしてから撤収しないと迷惑をかける。またたく間に時間が過ぎた。

「津波が来たぞ」

と叫ぶ声が聞こえた。川沿いの道路は堤防より低い。作業員が高台へ走って逃げるのを確認してから、自分も逃げるために軽トラックのステップに足をかけた。すると気仙沼湾方向から猛烈なスピードで津波が遡上していく。表面張力のせいか、海から大川に押し込まれた黒い水の塊が、土手よりも高く盛り上がってすぐには溢れてこない。てっぺんに小舟が乗ってがちがちこすれる音を立てながら流されている。

すぐ軽トラックに飛び乗った。表の道路は渋滞している。仕事の性格上、工事現場からの視点で裏道、抜け道はすべて頭に入っている。網目状の小道を走った。バックミラーに土手から溢れてくる津波が映った。アクセルを踏み込んだ瞬間、真後ろの民家のブロック塀に土手を溢れた津波がドカンと波頭をぶつけた。際どいところでかわした。バックミラーの視界から津波は去った。助かった、と思った瞬間、妻や娘や息子の安否が気になった。携帯電話を開くと妻麻美から、「息子と中央公民館に避難しています」とメールが届いていた。自宅兼事務所の東新技建へ向かうが、周辺は水没していてもう近寄れない。「こっちは大丈夫、会社はもうダメだと思う」と返信した。

津波は魚市場の方角から中央公民館を襲った。気仙沼湾とは方角が反対の後背地、高台側からも津波が襲った。大川を遡上した津波が土手を越え溢れたのである。海側の津波と大川の山側からの津波が中央公民館を襲うのだ。

魚市場で津波来襲に気づいた千葉分団長は消防団のポンプ車をUターンさせた。魚市場から中央公民館まで直線距離で三百メートルほどである。津波との競走となった。中央公民館で降りる時間の余裕がない。中央公民館を通りすぎてしまう。

中央公民館より先の道路は高台へ向かう車で渋滞していた。サイレンを鳴らして反対車線を走った。渋滞が激しい。ポンプ車を降りて一台、一台、窓を叩き、「降りて走れ！」と叫んだ。説得している時間はない。「なんだよ」と言われても反応してはいられない。できるだけたくさんの車に危機を伝えるために、つぎの車、つぎの車、と伝えるだけだ。このとき降りて高台へ向かって走り、命を落とさずに済んだ人もいた。

千葉分団長は、海水のなかで孤島となっている中央公民館へ戻ることができないのだ。妻寿子を中央公民館に残したまま。長男の家族は無事に中央公民館に避難しただろうか。後ろ髪を引かれる思いで高台の市民会館へ避難した。

第三章　津波と笛の音

10

一景島保育所の林小春所長は、「上さあがれ！」の声で二階の和室にいた七十一人の園児を三階に送り込んだ。水産加工場にいた人たち、近所に住んでいる人たち、通りがかりの人たち、顔見知りもいればまったく知らない人もいる。高齢者もいればゼロ歳児もいる。

気仙沼中央公民館は、玄関から入ると左手にホールがある。ホールには舞台があり四百人の観客席がなだらかに傾斜して、二階の後部座席の入口までつづいている。玄関の右手には事務室と館長室があり、奥の右手には視聴覚室兼講座室がある。展示用に使われる廊下の空間は二階へ通じる階段のせいで広々としている。

二階の廊下の左手にホールの入口があるほか、二十畳の第一講座室、三十畳の第二講座室の二つの和室がある。和室は襖を外すとひとつ部屋になる。二階廊下の右手には研修室、図書室兼郷土資料室、創作活動室などもある。

三階の形状は、正面から眺めると左手は羊羹《ようかん》を斜めに切った形のホールの屋根、凹んだ中央はベランダのような屋上、右手の一部に小さな建屋がある。二階建てだけれど一部三階建てと表現したほうがよりわかりやすい。三階の建物部分は狭いのだ。小会議室（和室）と調理実習室の二部屋のみである。その三階の建物部分の屋上に鉄塔と給水タンクがある。

保育所の七十一人の園児らは、はじめ二階の和室に避難した。襖を外せば五十畳ほどあるから広いように思われるが、避難したのは園児たちだけではない。和室は立錐の余地がないほどの人で溢れていた。ゼロ歳児も九十代の高齢者もいた。ホールの二階部分や廊下、研修室、図書室兼郷土資料室、創作活動室も一杯になる。まだこの時点では正確な人数は誰も把握していなかったが、避難者は四百四十六人いた。

二階和室の定員は五十人、研修室の定員は七十人とされていた。図書室兼郷土資料室と創作活動室には定員数が定められていないが図面で見ると合わせて四十人ぐらいで一杯だろう。ホールとの間の廊下にも百人近いゆとりがあるとして、せいぜい二百六十人である。観客席の上部の二階部分に約二百人。全部で四百四十六人いたのである。すべて三階へ移動するのは物理的に無理難題を押しつけられたも同然であった。

保育所の園児たちは一番早く避難したので、三階の一番奥にある南側の小会議室（和室）とその隣の調理実習室へ分かれて入った。調理実習室（公民館行事で料理教室などを開催する際に使用する）の定員は四十人で、和室の広さはその半分しかない。三階へ移動したら室内スペースは半分より大幅に減ってしまう。三階は建物部分が小さいので部屋に入れない人は吹きさらしの屋上にいるかホールの斜め屋根の上か、あるいは給水ポンプや空調機器が据えられた三階部分の塔のような狭い屋上に昇るしかない。

最後の車椅子の避難者を二階から三階（二階屋上兼三階）へ送り込んでいる最中、すでに津波は濁流となって近づいていた。

一景島保育所の園児を狭い三階の室内に入れた林小春所長は、ぎゅうぎゅう詰めでも我慢するしかない、と思った。廊下には高齢者がいた。廊下でも建屋の内部だ。近隣の工場の人たちは二階屋上の吹きさらしのところに立っていた。

海側の調理実習室の窓から魚市場の方角を見つめると、津波が魚市場の堤防のような長い屋根を越えて砕け、海水の色が真っ黒に豹変して壁の形となり立ちあがった。一帯の製氷工場や加工場を呑み込み、何十台もの車が風呂のなかの玩具のように浮き沈みするありさまが見えた。特撮のワンシーンのようだった。こちらに向かってくる。中央公民館へ向かってくる。大津波は中央公民館に覆い被さり二階の窓を叩き割った。

園児の保護者が窓に近づこうとしたので、ダメです、子どもに見せないように、と注意した。

屋上にいたカネダイの根本和子は、号泣する中国人研修生を「中国に帰してあげるから大丈夫」と励ました。身を寄せ合って泣いている研修生の肩をさすりながら振り向いた。

船のマストがものすごい勢いで沖に流れて行く。何だろう、何が起きているのか。わからなかったのは一瞬である。黒い水がどくどくと入り込んだ。土台から民家がもぎ取られると砂煙が舞い上がった。横長の建物は工場である。ゆっくり揺れて流れている。

津波の第一波は三時三十分過ぎだった。第二波、第三波がやってくる。それにどう備えるか。選択肢は限られていた。

第一波により二階の天井まで水に漬かったのだから、第二波、第三波の来襲でわずか数メートル上の二階の屋上が襲われても不思議ではない。そうなれば、羊羹を斜めに切った形のホールの屋根に這い上がるか、三階の上の狭い屋上に昇る、この二つしか選択肢は残されていない。第二波はすぐに来るだろうから、時間も限られている。急がなければいけない。熟慮しているひまはないのだ。

ところが二階の屋上と違って、三階は正式な屋上ではない。作業員が使う細い鉄の梯子《はしご》がかかっているだけである。

一景島保育所の林小春所長は、とにかく三階へ、三階に行くんだ、と園児たち全員を三階へ避難させることができた。七十一人の園児のうち大部分の六十一人に保護者がいると確認した。ほとんどが母親だが、母親でなく父親の保護者もいた。

保育士と園児と保護者は調理実習室と小会議室（和室）に避難している。一般の人は同じフロアでも吹きさらしの屋上にいるしかない。三階和室は畳敷きのため乳児、三歳未満児を優先させた。ほっとする間もなく、鉄筋コンクリートの中央公民館にどーんという衝撃が響いた。

中央公民館前の道路は工場や民家が壁になって濁流の通路となった。市役所消防団係の新田英朗は、道幅に押し込められた津波が圧力を高め速度を上げて浸入してくることに気づいていなかった。公民館二階屋上に先に上がった同僚の菅原幸典から「係長、あなたも早く上がってきてください」と大声で呼ばれ我に返り階段を駆け上った。すぐに屋上から道路のほうを覗きこむと、先ほどまで公民館職員らと避難を呼びかけていた車列が高波に呑み込まれ、車が玉を突くようにして浮き上がりひっくり返りながらつぎつぎと押し流されていく光景を見た。水位は二階屋上の手すりの下五十センチメートルほどまで迫り、「もう終わったかな」と覚悟した。やがて引き波となり、廃材にすがって流されている人が二人ほど見えた。波の飛沫は屋上まで飛んできた。

林小春所長は外を垣間見た。黒い海のなかの孤島のよう、と感じた。

何かがつぎつぎとぶつかっている様子で、鈍い衝撃音と揺れが怖かったです。調理実習室に戻ると、窓ガラスの外側が波しぶきで濡れていました。いつも避難訓練で顔なじみになっている同世代の中央公民館の吉田英夫館長が小型ラジオを手に「園児はみな三階へ移動できたかね」と近づいてきた。ラジオ放送が各地で大津波が発生していることを報じていました。ラジオのアナウンサーは「第二波、第三波はさらに高くなる可能性があります」としゃべっている。わたしは愕然として、館長に「ここでもダメなの」と思わず叫びました。

吉田館長は、第二波、第三波に備える必要を感じていた。そう思っていたのは吉田館長だけではない。マザーズホームの内海直子園長も「第二波、第三波がもっと高く来たら……」と思うと恐怖が身体の底から湧き上がってきた。避難者たちの心に互いの恐怖がさざ波のように静かに浸透した。

内海直子は携帯のメールが気にかかっていた。

「大丈夫ですか。こちら電話は一切つながらないのでせめてメールで安否だけでも教えてください」

三階に避難した三時二十分ごろ、息子からだった。三十歳の長男、直仁はロンドンに住んでいる。東日本大震災発生から三十分ちょっと過ぎた時刻である。ロンドンは、この季節、日本との時差は九時間、早朝六時二十分だった。

内海直仁は毎朝六時起床が習慣だった。目覚めるとパソコンを開く。東日本大震災が発生した、というニュースはBBCでなくツイッターで知った。とにかく詳しい状況を知りたいとタイムラインをスクロールした。故郷の気仙沼にまつわる情報が欲しかった。

直仁の起床の時刻と大震災発生の時刻とは、さほど変わらない。リアルタイムであることにおいては一万キロ離れた東京と同じである。揺れなかっただけだ。母親が中央公民館にいることも、また父親や妹がどこにいるのかも、まったくわからない。「大丈夫ですか」のメールは、同じ文面を母親の直子、父親の仁一、妹の薫のそれぞれの携帯電話へ送った。

娘の薫は地震発生直後に、母親の直子に「皆、無事」とメールしている。「皆」とは高台に住む仁一と身重で実家に帰省していた薫、そしてお祖母ちゃん、九十歳になる仁一の母親である。すでに直子は「了解」と返している。

ロンドンの直仁から問い合わせがあった際、とりあえず「公民館にいます」と仁一の携帯へメールした。夫に伝えておけば家族に伝播すると思っている。避難したばかりで一人一人に返事を返す余裕はなかった。

遠いロンドンでも、中央公民館からさほど離れていない場所でも、突然の被災でそれぞれの状況を伝え合うことはなかなかむずかしい。

内海直子の部下、マザーズホーム職員で四十歳の小野幸は、小学校六年と四年の娘がいる。地震発生直後、内海園長と行動をともにして一景島保育所の二歳児クラスの避難を手伝った。曇りガラスのサッシ越しに二歳児の部屋の様子が見えた。なかなか表に出て来ない。内海園長がドアを開け、「手伝うよ」と言った。保育士が乳母車を持ってきて園児を乗せようとした。いっしょに抱えて入れた。服や毛布、鞄も突っ込んで、吉田館長の「早く早く」の手招きで中央公民館に避難した。一景島保育所の園児や保護者たちといっしょに入ったところに偶然、近くのダンボール製造会社に勤めている夫が来たではないか。大津波が来たら中央公民館はダメかも知れない、しかしマザーズホーム職員としての任務がある、だからここにいなければならない。夫はたまたまここに避難しているのだ。だったら共倒れになるよりは、二人の娘がいるはずの高台の小学校へ逃げてもらいたい。

「子どもたちが心配なの。お願い」とだけ言うのが精一杯で、園児たちもいるのに「ここも危ない」とは口に出せない。

夫は納得していない。途中、道路が地割れし、津波の危機が切迫していると直感したから妻もいる中央公民館に走り込んだのだった。小野幸はそんな事情はわかっていなかったが娘たちのことを思うと必死の形相になった。夫は察して「わかったよ」と徒歩で中央公民館を飛び出した。だがすぐに濁流が住宅をなぎ倒しながら迫ってくるのが見えて全速力になった。津波が押し寄せる寸前、南気仙沼駅前で六階建てのヨシダビルに飛び込み助かった。「ヨシダビルにいる。俺は無事だ」とメールをした。

気仙沼市議会の臼井真人議長は揺れがはじまったときに市役所にいた。臼真倉庫を経営している。自宅は中央公民館から二百メートル、家族経営の会社は自宅の隣にあり、事務所で娘が勤務しているはずだ。無事に避難したかどうか確かめられない。娘は少し離れた倉庫に行き従業員に逃げるよう指示してから、母親と飼い犬二匹を連れて車で高台の中学校へ向かったが渋滞で進まず、方向をチェンジして近くの中央公民館へ着いた。外階段から屋上へ上がろうとしたが、この時点では上まで行列になっていて進めない。仕方なく母と娘は飼い犬二匹と外階段の入口で待っていた。こういうときには余計なことを考えたりするものなのだ。「お父さんが心配して家に戻ったら、鍵がなくて入れない。鍵を置きに家に帰る」と、娘は車に乗ろうとした。するとと中央公民館の屋上から「早く上がれ」と叫ぶ声が聞こえた。屋上からは、津波が市街地に流れ込んでくるありさまが見えているのだ。外階段を上がって二階屋上へ着いた直後、一階と二階が水没した。屋上は「第二波、第三波がくるぞ。もっと上だ」と騒然としている。とにかく母親の無事を「お父さんに伝えなくては」とようやく「中央公民館に逃げています」とメールを送信した。

保護者の尾形弘美も三階の調理実習室にいた。窓から津波来襲が見えるらしい、と思ったが「子どもに見せないで」と保育士に言われ、窓から離れた。さらに保育士の指示で四歳の息子を連れて「もっと高いところ」へ行くために二階屋上へ出た。一歳の娘が姑の家にいたので、屋上から「息子と中央公民館に逃げているから」と電話をした。携帯電話の電池残量が少ないので短い会話で済ませた。息子は自分の腹に額を押しつけて泣きもせずおとなしくしている。

「家に帰れるのかな」

「どうなるんだろう」

「車、流されちゃったね」

「漁師の夫と携帯電話がつながらない」

そういう会話が横からも後ろからも聞こえてきた。家族と連絡が取れず泣き出したい気持ちだが、子どもに不安を感染させないように我慢していた。

調理実習室で子どもたちの世話をしていた内海直子は、調理実習室の窓から押し寄せる第一波を見つめた。窓が映画館の大型スクリーンのようだ。黒い物体は水位を上げながらこちらに迫ってくる。大きな建物が白煙をあげてなぎ倒され耐えきれなくなって流されていく。そしてドーンと中央公民館に大きな瓦礫が衝突する鈍い音を聞いた。窓に水しぶきがかかった。鉄筋の建物とはいえ、壊れないだろうかと不安感に覆われた。

「まだ第二波が来る、第三波が来るぞ」

口々に叫ぶ声が聞こえる。

「調理実習室だって安全ではない」

そういう声も聞こえた。さらに上に行くため、横にいた六歳の女児の手を引っ張って二階屋上に出た。園児たちが一番早く避難したので、三階の一番奥にある南側の調理実習室と、その隣にある和室で畳敷きの小会議室に分かれて入っている。小会議室や廊下にいた保育士やマザーズホームの職員、園児もつづいた。二階から三階へ上がる階段も水に漬かっている。三階から階段を覗くと、二階から登り切ったところの床面まで濡れていた。

二階屋上はごった返していた。

「もっと高いところだ」

もっと高いところ、それは三階の屋上か大ホールの斜め屋根ぐらいしかない。

11

林小春所長は奥玉青年に、和室や調理実習室にいる園児たちをもっと高いところへ行かせるよう促した。

「子どもたちを見ていて」

林小春は保育士たちに言い、「いいね。勝手に動き回らないようにさせてね。手を離さないでね」と、廊下を走り、二階屋上に出た。高いところとはどこか。

三階の建物と床続きのふつうの屋上は訓練でたびたび避難したことがあります。しかし屋上屋を重ねる、と言いますが三階の狭くて一番高いところにある屋上へ避難することを決意したのです。給水塔や空調の設備などがある三階部分の屋根に園児ら全員を上げることにしました。

通常使用できない場所、立ち入り禁止区域のため、屋根に上がる鉄製の点検用垂直ばしごがある場所には一・五メートルほどのフェンスがあり、行く手を塞いでいました。そこで避難していた男性らが三階にあった机を持ってきて、まずフェンスを跨《また》いで入り、机を足場にフェンスの上から園児を手渡しで移動させました。そうこうするうちに消火器を持ってきた男の人がいて、消火器のお尻の部分でフェンスの鍵をたたき壊しました。それで作業はかなり楽になりました。

鉄製のはしごの初めの段は一メートル以上の高さにありました。まず椅子を下に置きその椅子の両側に保護者の男性、漁業会社、足利本店勤務の男性などが立ち、左右に分かれて一番下のはしご段をつかみました。そこを子どもをおぶった男性が、椅子を一段目、二人の男性の膝や肩などを二段目の階段にし、そこから鉄ばしごの一番下の段へと上っていきました。疲れる作業なので、交代交代で「人間椅子」になりました。

雪が降り始めており、鉄製のはしごは滑りました。男性が乳幼児を一人ずつおんぶしては屋根に上げるという作業を繰り返しました。

「おんぶ作戦」の最初のころ、一人の父親が、おんぶ紐をせず、自らの二歳の女児を肩につかまらせ、屋根に上がろうとしました。ところが途中で、園児の手が肩から離れて二メートルほど落下――。おんぶ部隊の男性が何とか受け止め、幸いけがはありませんでした。

そこで「やはり、きちんとおんぶ紐で結んでないとだめだ」と確認し、その作業を繰り返しました。おんぶ紐はいまどきの簡易タイプではなく、がっちりと身体を大人の背中に固定できます。ただおんぶ紐は二本しかなく、屋上に上がったら、紺色のおんぶ紐を解き、下に投げ下ろし、再び使用することを繰り返しました。上からも男性が引き上げ、園児七十一人全員を上げることができました。

園児だけでなく、避難してきた人のうち小さな子どもたちも同様の方法で引き上げました。最後のほうは吉田館長さんが三階倉庫から持って来た二メートルほどの木製ばしごがあり、昇るのはかなり楽になりました。園児や小さな子ども、つぎに病気の人と、弱い人たちを優先しました。保母、保護者もつづき保育所関係者は全員が調理実習室の屋上に避難できました。男性たちはそのあとに上りました。

近所の実家の奥玉屋にいた実母、姉、甥の真大も来ました。真大の五歳の長女と三歳の次女も一景島保育所の園児です。わたしの夫も、自宅が中央公民館から二百メートルほどのところですから避難していてここで合流できました。わたしの長男の妻はマザーズホームの職員をしており、やはり同時に避難していたのです。

「おんぶ作戦」は三十分以上かかった。一人一人、おんぶ紐を結び直してはまた上る。最初に金網のフェンスが邪魔だった。三階屋上へ上る場所は変電設備があるため立ち入り禁止区域である。一・五メートルほどのフェンスがあり、そのフェンスには鍵がかけられていた。フェンスの内側と外側に人が立ち、幼児を抱きかかえ、荷物を手渡しするようなかたちにならざるを得ない。さらにフェンスを越えたところで屋上へは鉄梯子で上る。鉄梯子は細くて初段の位置が人の背丈ほどの高さにあった。背伸びして、初段に手をかけたところで体操選手のような懸垂能力がなければ上ることはできない。三階の屋上には鉄製の櫓《やぐら》がありてっぺんに給水タンクが置かれている。事故やいたずらを防ぐためにそのような形状になっている。

最初のハードルはフェンスであった。鍵がかかっている。吉田館長は、鍵は水没した一階の事務室にあることを知っている。もう取りにいけない。ホールの操作室に木製テーブルがある、あれだ、と思った。木製のテーブルを踏み台にして内側と外側に置くことで手渡しをしやすくした。男性陣や保育士たちがそれぞれテーブルに乗り、リレー式に送り込んだ。それでも手間がかかった。途中からフェンスの鍵を消火器で叩いて壊して開けられるようにした。それぞれが知恵を絞り、体力を使い、手近にあるものを利用し、困難に立ち向かった。

フェンスのつぎのハードルはすでに説明した初段が高い位置にある鉄梯子である。鉄梯子につかまるために、試行錯誤がはじまった。両側に頑強なタイプの男が二人、向かい合ってしゃがみ、園児をおぶった人に膝を貸して踏み台代わりにし、両腕でお尻をぐいっと押し上げた。「人間椅子」である。四歳児や五歳児は、初段までそうやって押し上げ、鉄梯子をつかんだあとは自分の力で昇り、上からも引っ張った。

これも、途中、アイディアが生まれた。事務机を置いた。事務机の上に人が立ち、四歳児、五歳児は抱き上げ鉄梯子につかまりやすくした。幼児のためのおんぶ作戦もやりやすくなった。それでもかなりの体力の消耗は防ぎきれない。事務机の上に椅子を置く、というアイディアが出た。椅子をしっかりと支えなければ危険だが、鉄梯子にはつかまりやすくなった。さらに、工夫が生まれた。吉田館長が三階湯沸かし室の横の小さな倉庫に二メートルの木製の梯子があったことを思い出した。この木製梯子で、より鉄梯子は使いやすい状態になった。

四歳児、五歳児を昇らせ、幼児を頑強な男がおんぶ作戦で運ぶ。つぎに身体が弱い人、そして保護者や保育士など女性陣、そして体力のある男性陣がしんがりを務めた。

一景島保育所の五歳児クラスの長男のもとに避難した保護者、夫と土建業の東新技建を切り盛りしている軍司麻美は、鉄梯子の前で躊躇した。四歳児、五歳児は、大人が手助けしてくれていても自力を基本としている。自分の息子の番が来たら、大丈夫だろうか。

いましがた津波の第一波が押し寄せたとき、「ここより高い所、ないんですか」と思わず叫んだのは自分である。高い所へ行かなければならないのだ。

第一波の恐怖は忘れられない。来襲した津波が引き始めるとバキバキという衝撃音が走った。引き波で流された瓦礫が二階の窓を破り、中央公民館を貫通したような震動だった。気仙沼湾を見ると漂流していたフェリーが、再び信じられないスピードで沖へ流されていく。引き波の力がこれだけ強いなら、つぎはもっと高い津波が来るかも知れない。

ここより高い所、ないんですかと叫びました。誰からも返事がなく、押し黙ったままです。皆わたしと同じ、恐怖心でいっぱいでした。お母さん方も、どうしてよいのかわからず周りを見回しているのです。「大丈夫、大丈夫」と子どもを落ち着かせようとしていました。「ここは二階屋上と床続きの三階の室内だけど、三階の屋上へ登れるのかしら」と同じ年長組のお母さんに語りかけました。そうしたら「そうだね」と言うので長男の手を引き、外へ、二階屋上へ出ました。フェンスの向こうに鉄梯子が見えましたが、フェンスは閉まったままでした。つぎに見たときには鍵が開いていて、皆なだれ込んでいくところでした。しばらくして鉄梯子の下に事務机が置かれました。しかしそれでも高さが足りないので、机の上に椅子を乗せました。不安定なので、男性たちが両側から椅子を押さえていました。男性の保護者がおんぶ紐で縛っておんぶして梯子を昇って行きます。しかし、ある父親は、娘に「首に摑まれ」と言い、おんぶ紐なしで昇り始めました。「それじゃ滑って落ちるぞ」と他の人たちが声をかけたが黙って昇っていった。その父親はいかにも滑りやすそうなツルツルのナイロン素材のベンチコート。案の定、女の子は真ん中あたりで手を滑らせてしまったのです。下に落ちかけたのを、他の男性が危うく受け止めました。

「ほら、だから危ないって言ったのに」

その父親は恥ずかしそうに降りてきて、言われた通りおんぶ紐で娘を縛りました。年長の子は上と下から男性たちに助けられながら自力で昇っていかなければなりません。長男を一人で行かせてみましたが、真ん中あたりで怖がって固まってしまいました。「ほら、そっちの手を離して」と上にいた男性たちが声をかけるが、手を離すのが怖そうで梯子にしがみついたままでした。手を離さなければつぎの段はつかめません。一人の男性が梯子の真ん中まで降りてきて、何とか引っ張り上げてくれました。子どもたちが登ったら、今度は大人の番です。

「わたし、スカートだから」

恥ずかしがって鉄梯子を登りたがらない母親がいたので、わたしは、息子も無事に登って気持ちが強くなっていたのかと思いますが、「そんなの、誰も見ないよ」と言いました。それどころではない状況でした。

12

ふだん通りの日常のなかで、予期せぬ災害が起きる。ミニスカート姿やヒールのあるクツを履いたまま、これは仕方がない。一景島保育所の保護者も例外ではなかった。林小春所長は「格好にかまけている場合じゃないんだから」と、恥ずかしがらないよう、そして靴を脱ぐように、と言った。

「中央公民館の状況を市役所はつかんでいるのかしら」

鉄梯子の脇で吉田館長に問いかけた。

「連絡は取りました。四百人が避難していると伝えてあります」

鉄梯子を登るのに三十分ほど要した。もう夕方になる。林小春所長は、あれ、寒いと思った。昂奮していたからあまり感じなかったが、急に身体が冷えてきた。一人の青年がジャンパーを差し出した。ずっしりと工具が入った重い作業着だった。内側は毛がふさふさしていて暖かかった。園児たちは無事に登った。ようやく自分の番が来た。

多くの家族が同時に公民館にいましたが、わたしは園児を守ることだけを考えていました。その使命感が過酷な状況を耐える力になっていたと思います。

春先の湿った雪が服に染み込んできました。ズボンにタートルネックのシャツ、その上にカーディガンを羽織っていただけでしたので、とても寒かったです。雨は徐々に雪に変わっていき、冷たさがいっそう増しました。そのとき「これ使ってください」と着ていた作業着を脱いで、貸してくれた背の高い若い男性がいました。厚手で内側はボアがある防寒着でした。作業用の工具がポケットに詰まっており、重かったのを覚えています。その若い男性はわたしの小学校と中学校時代の同級生の息子澤井克行君でした。中央公民館の近くに住んでいて、澤井君の姉の一歳と三歳の子どもは一景島保育所の園児で、心配で勤め先から駆けつけたとのことでした。水道工事の仕事をしている頼もしい青年で、後のちいろいろ役立ってくれました。

雨が強くみぞれまじりになり、公民館職員が園児を気遣い、三階からカーテンを運んでくれました。園児の上にかざして雨に濡れないようにと。これにはとても助かりました。とにかく少しでもと、さらに高いところへと、屋根の上にある給水塔にしがみついた園児や大人もいたのです。

実は津波で階下の配管が破損したため、給水タンクが空になっていることは、そのときは全くわかりませんでした。やがて水不足が深刻になるのです。

わたしたちとは別に、ホールの上の斜め屋根にも人がたくさんいました。傾斜がきつかったのですが、いっぱい人がいて、おじいさん、おばあさん、子どももいて、滑り落ちそうな姿だったので心配していました。

保育所から持ち出した防災袋につねに入れておいたものがあります。笛です。わたしは調理実習室の屋根、その最も南側に立ち、その笛を取り出しました。そして海をじっと見ては津波が押し寄せるたびに笛を吹いて全員に知らせました。以前、テレビ番組か何かで、地震後がれきに閉じ込められたおばあさんが笛を吹いて、居場所を捜索隊に知らせ、助かったという話を知っていました。自ら購入し、保母全員に配布していたのですが、保母は大混乱で非常持ち出し袋を置いてきてしまったのです。唯一、わたしだけ笛を持っていました。津波が来るたびに、注意を促すため何度も何度も笛を吹きました。


「おんぶ作戦」のメンバーには頑健な体軀の甥の奥玉真大もいた。〝ようこそ先輩〟の授業のため黒い背広上下に白いネクタイをしていた。汗でぐしょぐしょになった。

林小春所長にジャンパーをかけてくれた二十六歳の澤井克行は、大学を卒業して東京都内の建設会社で仕事をしていたが三カ月前の十二月、父親の水道工事会社、澤井製作所を継ぐために気仙沼市へ戻ってきたばかりだった。作業現場から高台にある事務所に戻って、駐車場に車を入れようと停めた瞬間に地震に遭い、電柱が左右に大きく揺れていて立っていられないほどで「なかなか止まらないな」とそのときは思ったのだが止まった瞬間、「自宅が心配だ」と思った。父親は出張中で、事務所の二階に駆け上がると母親と従業員は事務所の机の下から姿を現した。大津波警報のサイレンが鳴り響いている。「自宅に行ってくる」と母親に告げると急いで中央公民館の方角を目指した。自宅は中央公民館から海寄りに百メートルである。海側から山側へ向かう道路は渋滞が始まっていたが海側へ向かう道路はまだガラガラだった。

自宅にはたまたま里帰り中の姉がいるのだ。姉は孫の顔を見せに、三歳の長男と一歳の長女を連れて来ていた。高校を卒業したばかりの妹もいる。地震発生から十数分で自宅へ着いたが、誰もいない。中央公民館に避難しているに違いない、と車を自宅に置き歩いて向かった。三階部分にあたる二階屋上へ行くと姉が長女をおんぶし、長男の手を引いていた。横に妹もいた。安堵したが、短い間である。気仙沼湾にフェリーが漂流しはじめるとまもなく濁流が魚市場を越えて浸入した。すぐに自宅が呑み込まれた。ほんとうなのか、現実の出来事なのか、すぐにはその事実を認めることができなかった。屋上をうろうろと動き、再度、自宅があったはずの地点を見つめた。黒い濁流がこちらへ向かって躍り込んで来る、見えたのはそれだけであり、いまや自宅は存在しないと認めるしかなかった。

第一波はものすごい勢いで家々を破壊し、流し去っていった。

林小春所長が笛をピッピッと吹きながら三階の給水塔のある屋上へ園児たちを避難させているところに駆けつけ、手伝った。身長百八十センチ、体重七十キロ、気仙沼高校時代は空手部、大学時代はキックボクシングのサークルに入っていたので体力には自信があった。

鉄製の垂直はしごの最初の段は床から一メートル以上の高さにありました。これでは上れないと判断。最初は椅子を置き、その両脇に男性が立ちました。椅子が一段目、両脇の男性の腕や肩を二段目とし、三段目に鉄ばしごの一番下の段へ、というふうにしました。その後、中央公民館の館長さんが、木製のはしごを持って来てくれました。椅子は不要となり、木製はしごをしっかり押さえる役と、おんぶして上り下りする役を交代しながら、園児や小さな子どもを屋上に上げました。お年寄りや病人、女性が上がるのも補助しました。百人は上げたでしょう。ふと気がつくと姉の家族が調理実習室の上にある屋根にはいませんでした。目を北側にあるホールの上に移すと、そこに四人の姿を見つけました。ホール側の斜め屋根で平らな部分がなく、傾斜も結構きついように見えました。消火用のホースにしがみついて、斜面から滑り落ちないようにしている人たちも見えました。姉は一歳の姪をおんぶ、三歳の甥は妹が手を引いて、屋根の突起物などにしがみついているようでした。

屋根に上がり始めたころから、雨はみぞれになり春先の湿った雪に変わりはじめました。公民館の職員らが三階の室内からカーテンを運んで来て、保母さんや保護者らが子どもたちの上に傘のように広げていました。わたしも三階にあったブルーシートを見つけ、同じようにして子どもたちの頭に被せました。みんなを気遣ってきびきびと動く女性がいました。父親からは「いまの一景島保育所の所長は林さんと言って、おれの小中学校の同級生でとても活発な女の子だった」と耳にしたことがあるので「なるほど、この人か」と納得しました。

林所長さんは、雪が強くなる中、コートも着ていません。わたしはそのとき、冬場で作業する際に着る、裏地がボアの防寒用コートを着ていました。私は作業着の下にジャージ、さらに発熱素材のヒートテックを着ていたこともあり、コートは所長に貸しました。胸に「澤井製作所」と書いてあるモスグリーンのコートを着て、林所長さんは、津波の来襲を告げる笛を吹き続けていました。コートにはフードもあり、林所長さんからは「雪除けになって助かる」と礼を言われました。

そうこうするうちに気仙沼湾に火事が発生し、暗くなってから公民館の周辺にも広がってきましたが、みんなで励ましあい、これ以上、火が大きくならないように祈るしかなかったです。

気仙沼市の元助役で気仙沼センター水産加工業協同組合の組合長で七十六歳の菅野泰一は「カンタイさん」と呼ばれる好好爺で、気仙沼中央公民館の南隣にあった事務所で地震に遭遇している。すぐ近くの自宅に一度戻り、七十五歳の妻と中央公民館に避難した。

寒い屋上で妻と身を寄せ合いながら「小春さんの吹く笛の音はいいね。勇気が出るよ」と絶望的な状況で慰め合った。津波が来たことを知らせるだけでなく、一致団結して津波に立ち向かうぞ、と気持ちを奮い立たせてくれた。

いったん避難した三階からさらに立ち入り禁止区域のその屋上へ園児たちを避難させるのだが、しなければいけない役割が待っていた。夕闇が迫り、寒さが増す。せっかく昇ったのに、すぐに降りることになるのだが、このときまだそこまで考えが及ばない。

津波の第一波が襲ってきたのは三時三十分過ぎだ。林小春と内海直子は、危機に動じない強い「おばさんの底力」を発揮していた。内海直子園長以下マザーズホームの職員がいたことで一景島保育所の園児はふだんより二倍の数の先生に恵まれたことになる。

13

マザーズホームの職員中嶋明美も「おんぶ作戦」を手伝った一人である。消火器の底でフェンスの鍵を叩き壊すまではフェンスを乗り越えなければならない。小さな子どもをフェンスの両側にいて引き渡し、おんぶ役の男性に抱えて渡す。おんぶ役は体力が必要だった。避難していた工場の従業員や公民館の男性職員などがおんぶ役を引き受けた。フェンスの鍵が壊される前の段階では、「大人の女性は自力で乗り越えてください」と言われた。時間との勝負だった。いつ第二波、第三波が襲うかわからないのだ。

一歳ぐらいの幼児を保護者に手渡すときに、思わず自分の着ていたジャンパーごと引き渡して上がトレーナーだけになってしまう。

三階の屋上に上がったものの吹きさらしである。そして雪が降り始めた。

寒かったです。子どもたちはカーテンの傘の中に入れましたが、わたしたち大人はもちろん入らなかったので、雪ですっかり濡れてしまいました。すると内海園長さんが「ほれほれ（ほらほら）これ着らいん（着なさい）」とジャンパーを差し出してくれたんです。それは水産加工場のカネダイのジャンパーでした。紺色で、胸にカネダイという文字がありました。それを着ることができて本当に助かりました。

一景島保育所の園児七十一人全員が三階屋上にいる。パジャマの上にジャンパーを羽織っただけの園児もいた。靴下も履いていない。昼寝中に起こされ急いで避難したためだ。十人ほどの園児には保護者が付き添っていない。五歳児担当の菅原英子保育士は、保護者が来ていない園児二人の手を握っていた。カーテンの下で、携帯電話が鳴った。そのうちの一人の女の子の母親からだった。女の子に代わると、「おりこうさんにして、英子先生の言うことをよく聞くのよ」と言われ笑顔になりうんうんと頷いている。極限状態なのにわがままも言わない園児たちが不憫で目頭が熱くなった。保護者が来ていなかった園児の世話は保育士だけでは足りず、内海園長らマザーズホーム職員は、そういう子どもたちのケアに重点を置き、「そのうちママが来るからね」と声をかけつづけた。冷たいみぞれは雪に変わった。

公民館の職員が三階の窓に掛かっていたカーテンを外して、持ってきてくれました。それを傘代わりにして園児が冷たい雪で濡れないようにしました。一枚のカーテンに十人ほどが入り、子どもたちをその中心に入れました。子どもが濡れないようにしたのです。三階屋上から見える景色を見せないようにという配慮もありました。子どもたちは変わり果てた気仙沼の姿を知らず、拡げられたカーテンの下で無邪気に、僕はこっちとか、誰それ先生の隣がいいとか、ちょこちょこ動く子もいました。保育園児の多くには保護者がついていましたが、十人ほどの園児には保護者が付き添っていません。マザーズホームの職員は、保護者が迎えに来れずに一人で頑張っていた園児たちの相手をしました。お母さんがいなくて心細く怖かったと思います。励まそうと、わたしたち職員や保育所の保母さんが歌を歌って、そうした園児を少しでも和ませようとしました。子どもたちは歌いませんでした。何か怖いものに覆われていると感じていたのだと思います。子どもたちには不思議な生命力があるのです。子どもを真ん中に包んでいると、とても温かいのです。

「子どもってなんでこんなに温かいのでしょう」と思いました。ジャンパーやコートがなく、とても寒かったのですが、子どもの温もりが救いでした。

三階屋上からは反対側、ホールの斜め屋根が見えます。かなりきつい傾斜がありました。そこにも男の人たちが力を合わせて多くの人を引き上げているのが見えました。たくさんの人、しかもおじいさんやおばあさんもいて、雪や雨で斜面は濡れ、滑り落ちなければいいな、と見ていました。車椅子の人も斜面の下部にいました。

押し寄せる津波は徐々に低くなっていましたが、今度は火災が発生しました。その火がどんどんと公民館の方に広がってきました。気がつくと気仙沼湾は火の海になっていました。

映画を見るようでした。爆薬の導火線に火がついてするすると火が燃え移っていくのと同じ速さで、対岸を火の海に巻き込んでいます。がたがたと震えがきました。するとこんどは、わたしたちのいる公民館の西側からも火がついたがれきがどんどん流れてきている。重油の燃える臭いが漂ってきて、誰かが「なんでもいいから鼻をふさげよ」と大声で言ったのが聞こえます。慌ててハンカチを取り出し、雨水に浸し顔にあてました。

対岸では火がついたがれきが、都会の夜の道で見られるように、ライトが左右方向に動くようにスーッと整然と並んで動いていました。火の中に入ったら最後にどんなことを思うのだろうか、というおかしな想像が頭をよぎりました。重油の浮く海水に顔がついたら、泳げないわたしはどんな気持ちになるのだろう。恐ろしさで寒さを忘れました。

一景島保育所の林小春所長が笛を吹いて「来たよ、気を付けて」と呼びかけてくれるのですが、怖くて見ることができません。このまま焼け死んでしまうのかしら。いや、まだこの程度の火なら大丈夫だ、とまとまらない考えが交互に訪れるのです。

林小春所長と奥玉青年は三階屋上から海側を見張っていた。林所長は第二波が来たら笛をピッと吹くつもりで凝視している。奥玉青年は、水没した一帯を眺めながら、恐怖心にかられてつぎの一手を考えていた。

第一波より第二波、第三波のほうが高いかもしれない。もし第二波が第一波より高ければいま辿り着いたばかりの三階の屋上も波がぶつかり洗われるだろう。呑み込まれたら終わりだ。一景島保育所から避難してきた二人の自分の娘と手をつないで泳ぐしかない。でもそれでは両手がふさがって溺れてしまう。それなら二人の娘の服を片手の握力でまとめてつかみ、もう一方の手一本で水をかけばよい。強い波はきたが、波が弱い時間帯もある。海面に出ている鉄骨かがれきにしがみついてつぎの強い波をしのげば、かならず余裕の時間帯もできるはずだが……。

波は変転していて、つぎの動きは、読めないのである。

三階屋上では幾つものグループがビニールのカーテンで風と雪を避けていた。園児たちは幾つかのカーテンに分かれた。中央公民館に留まりなさい、と子どもを連れ帰ろうとした保護者を厳しく説諭した菅原英子保育士を中心としたグループが一つのカーテンの下にいた。土建業の夫が大川付近で難を逃れ、小学校三年の娘は南気仙沼小に留まり、自分は一景島保育所の五歳児クラスの長男のいる中央公民館に避難した軍司麻美は、他の保護者や菅原保育士と同じカーテンのなかにいた。保護者たちは子どもたちがパニックに陥らないよう、おしゃべりで間をもたせようと努力した。外の光景に関心を向けないようにするためにも、カーテンの内側で楽しくしていなければいけない。軍司麻美は、のんきな声で言った。

「たいへんなことになっちゃってもう。あちこちゴミだらけよね。でもお掃除すればもっときれいな町ができるよねえ」

そう言いながら、込み上げる死への不安を抑えた。

安心させるために、自衛隊がヘリコプターで助けに来てくれるからねと言いました。でも、津波被害が三陸沿岸全体であれば、宮城県だけじゃない、岩手県も、福島県も、沿岸はみんなやられてるかも、と想像がつきました。自衛隊が来るにしても、どれだけ時間がかかるだろう。そうなるといつまでいるの。水はどうするのかしら。三階の調理実習室で鍋に水を汲んでおくべきだったと後悔することになるのです。地震直後ならば水道の蛇口をひねれば水が出たかもしれない。

息子と隣にいる子どもがカーテンの凹みにたまった水を下からつついたりして遊びはじめました。保護者が来ていない子もいる。お母さん、という言葉は使わないよう気をつかいました。近くの赤ちゃんがぐずりだしました。そのお母さんに、「まだおっぱいなの」と訊きましたら「いいえ、もうミルク」と言います。でもミルクはここにはありません。「試しにおっぱい、してみるかな」とそのお母さんが胸を開けましたが、赤ちゃんはしゃぶりつきません。赤ちゃんのぐずりは、だからずっとつづいてお母さんがかわいそうでした。

同じカーテンの下には、フィリピン人の女性もいました。一景島保育所の五歳児クラスに子どもを預けています。日本語はたどたどしく、状況がよく理解できないこともあってか、気の毒なぐらい怯えていました。保育士の菅原英子先生といっしょに「日本にはね、自衛隊というものがあってね、災害時には助けに来てくれるんですよ」と、ゆっくりした言い方で説明しました。

カーテンのなかですから外の様子はわかりません。臭いがします。煙が漂ってきたのです。菅原先生は園児たちに帽子を取って口に当てるように指導しました。わたしは赤ちゃんのお母さんに、好きに使ってとフェイスタオルを渡しました。

カーテンの下とはいえ、屋上は寒い。重たい水を含んだボタン雪でした。冷えのせいか、水を飲んでいないのにトイレに行きたくなりました。屋上の雨樋を利用して臨時のトイレができていました。ベニヤ板で見えないように順番に支えていました。

カーテンの外に出たとき、オレンジ色の炎ともうもうと噴き上がる黒煙が、初めて視界に飛び込んできました。火がついたがれきや船が近くを漂い、そこから煙が流れてきているのです。カーテンの下に煙が入り込んだときにはこれほど、とは思いませんでした。服が濡れている保護者がいました。車のなかに上着を鞄ごと置いて来てしまったのです。「戻ろうとしたんだけど、菅原先生に、出てはダメと言われて」と言うと、別の保護者が「でも、あのときに出て行ったらダメだったよね」と慰められていました。わたしが到着したのは津波襲来ぎりぎりで知らなかったけれど、子どもを連れて帰ろうとした保護者が幾人もいて、保育士の先生方によって命拾いをしたわけです。

菅原保育士は、カーテンが狭いので半分、身体が外にはみ出していて濡れていた。「先生、寒くないですか」と問われると、「大丈夫よ。外にいる人たちはみんなびしょ濡れなんだから」と応えた。一景島保育所の保育士たちは落ち着いて使命を果たそうと努めていた。

14

三階屋上から気仙沼湾を見渡すと、大島のあたりに炎が立ち上っている。火種に見えたものが津波に乗って、みるみる内湾へ拡がった。海水の上でなぜ火が燃えるのか、意味がわからないのだ。火災は一カ所ではなくがれきに燃え移って赤い炎が点在している。煙を吐きつづける燻《くすぶ》った塊も漂っている。

子どもたちはカーテンの下に隠れているが、半身をカーテンの外にさらしていた菅原保育士には大人たちのざわめきが聞こえている。火のついたがれきが波に揺られて中央公民館にぷかぷかと近寄ると「来た、来た、来た……」「来ないで、来ないで」、波が引くと「行った、行った、行った……」と、悄然《しょうぜん》と力ない声が重なり唱和している。為す術《すべ》がない。小型の重油タンクも流れて来た。林小春所長は、両手を突き出し、手で押さえるような仕草で「来るなあ！　来るなあ！」と叫んだ。

保育士たちは子どもたちを煙から守るため、そして火を見せないようにするため、カーテンでしっかり覆った。

菅原保育士は炎が拡大して中央公民館を覆うような事態になったらどうするか、両の手を握っている保護者が来ていない二人の五歳児の運命を思ってみた。炎が襲ったら、二人を抱えて飛び込もうとも考えた。二人を抱えて泳げるだろうか。服を着たままだと重いかな。どこへ向かって泳げばよいのか。まず一人を抱えて泳いで安全地帯へ行き、戻ってもう一人を抱えて泳ぐ。あるいは一人を何かにつかまらせておいてそれから……。だがつかまらせてもそれが流されてしまったら……、頭のなかで脱出方法を考えたが答えは見つけられなかった。子どもが焼死するぐらいなら自分で殺したほうがよい、とまで絶望感に苛《さいな》まれた保護者がいたということを菅原保育士は後日談で耳にしている。

四歳児の保護者で看護師の西城千佳子は、煙の恐ろしさを痛感した。がれきには重油が染み込んでいてもうもうと黒煙を吐き出しながら近づいてくると、タールのような臭気で息ができない。自分はマスクをしている。マスクが煤《すす》で黒くなった。娘の口はマスクの代わりにタオルで塞いだが、咳き込むと黒い痰《たん》が出た。白衣も黒ずんだ。

ボワッと黒煙の巨大な塊が一瞬、中央公民館を包んだのだ。避難者たちの顔は煤だらけで、あちこちで呼吸困難で咳き込み、苦しむ悲鳴が聞こえた。

水産加工場カネダイの根本和子は、高いところ、高いところ、と皆で園児を押し上げているなかで七人の中国人研修生の姿を見失ってしまう。一景島保育所の園児たちがいる三階屋上へ登ってみると、中国人研修生はホールの斜め屋根のほうにいる。

園児たちを三階屋上へ避難させてから、わたしもどうにか鉄梯子を伝って這い上がりました。中国人研修生がホールの斜め屋根のてっぺん近くにいることがわかりました。研修生たちは一刻も早く避難したかったのでしょう。三階屋上は園児などを優先的に上げていましたので、避難する人数の少ない、ホールの屋根に上がる列に研修生らは並んだようです。彼女たちの恐怖は私たちよりさらに強烈だったと想像しました。

二手に分かれてから「日本人が一人付いていればよかったかな」と思いましたが、彼女たちは消火用ホースにつかまっていたので、何とか頑張って、と見ていました。消火用ホースに全員がつかまって、命綱のようにして、雪で濡れた斜面を滑り落ちないようにしていました。ホールの屋根の方には若い男性も多かったので倉庫からホースを見つけ用意して、目配りもちゃんとしてくれているようでした。

ホールの屋根にも幼稚園児くらいの小さな子どもたちの姿がありました。降りしきる雪の中、研修生は着ていたビニールのエプロンを脱ぎ、それをつないで大きな傘のようにかざし、小さな子どもたちが濡れないようにしていました。あの状態の中で「偉いなあ」と感心しました。見ると誰かが連れて避難した犬もいました。研修生はその犬の上にも即席のビニール傘をかざしていました。さっきはあれだけ泣いて、震えていたのに、そんな気配りができる彼女らはすごいと思いました。

三階の給水塔のある屋上へ避難した子どもたちを中心にした二百人、もういっぽうはホールの斜め屋根のほうに二百人ほどが這い上がった。

一景島在宅介護支援センター職員の三浦敏子は、他の職員二人やヘルパー五人といっしょに逃げた。園児たちがおんぶ作戦でさらに上の三階屋上へ移動して行く姿を眺めながら、どこへ逃げようか、ホールの斜め屋根しかないと見定めたとき、園児たちが三階屋上へ登り始め、そのうちに自分の番になり、鉄梯子をつかんだ。三階屋上からホールの斜め屋根を見た。

ふと反対側のホールの斜面の屋根を見ると、いっしょに避難したヘルパーさんたちが三人ほど、見えました。ああ、八人のうち三人が向こう側に分かれてしまったと思いました。心配で見ていましたら、斜め屋根は傾斜がきついので、降ってきた雪で足下を滑らしている人もいて、危なっかしいな、きちんとついていてあげればよかったなと思いましたが、あのときは無我夢中でしたので仕方がありません。

男性数人が消火器の底の部分を屋根にぶつけているのが見える。何をしているんだろうと不思議に思いました。どうやら屋根に穴を開けているようでした。屋根の下にはホールの天井があり、そこは平らだったようです。雪も降ってましたし、夜が迫り、寒さも身にこたえるようになっていました。その寒さを防ぐ目的で、屋根裏に潜り込もうとしていたようでした。

しばらくすると穴を開けることができたようです。消火栓ケースに入っている消火用ホースを持ってきて、穴の中に垂らし、ロープ代わりにし、内部へと降りていったように見えました。午後六時過ぎだと思いますが、わたしのほうは三階の給水塔のある屋上から降りて屋内に入りました。

津波はかなり弱まっていましたが、火災は収まる気配がなく、屋内に入るのも怖かったです。

あちこちで爆発音が響いていました。火はどんどん大きくなり、煙が気仙沼湾全体に広がっていきました。仕事柄マスクを常備しているヘルパーさんからマスクをもらい、さらに二重にしていましたが、それでも煤と煙で息苦しく、雪が降りつづき寒かったので屋内へ入ったのです。

ホールの斜め屋根は風が吹きすさぶし、雪で滑りやすい。穴を開ける、と思いついた人物がいる。穴を開ければ平らな天井があるはずだ。

第四章　海が燃える

15

五十四歳の小山靖雄は、魚市場で水揚げした魚を運ぶベルトコンベアの両脇に取り付けるシューターをつくる板金作業をしていたときに地震が来た。中央公民館と道を挟んで向かい側に小山金属板金工業があった。一階が工場で二階が自宅であり、そういう小さな工場が集積している地区なのだ。その隣が、一景島保育所の林小春所長に工具袋入りのボアのジャンパーを貸してくれた澤井青年の勤める澤井製作所の工場と自宅であった。

小山板金の工場には従業員が五人いた。まずは中央公民館へ避難、と心得ていた。津波の規模については軽く考えていた。そうだ、買ったばかりの車が工場の駐車場に置いてあるが、もうちょっと高いところへ移動させておかなければ、と考えて中央公民館を出た。車を運転して、近所の少し高い位置にある知人の家の庭に駐車させてもらった。それから中央公民館へ徒歩で向かった。すると小山板金の従業員が二階屋上から、「早く！　早く！」と叫んでいるが、なぜ急がなければいけないかわからなかった。魚市場方向を見ると、津波が地面をソロソロと浸入して来る。二階の屋上から見れば魚市場の彼方に津波が黒い壁となって立ちあがっている姿が見えるが、道路からは見えない。だがソロソロと浸入した水は、すぐにドッと溢れて来た。自分を追い越す勢いになってから、全力疾走で玄関へ、つぎの瞬間、玄関に津波が到達、玄関から息せき切って二段ずつ階段を上った。紙一重であった。

南側の給水塔のある三階の屋上には保育所の園児たちが避難していたので、ホールの斜め屋根に這い上がることにした。

三階屋上と同じで、ホールの斜め屋根に登るには垂直の鉄製のはしごしかない。しかも一番下の段まで一メートル以上あった。まず三階から木の机を持ってきた。その机を両脇から二人でしっかり押さえ、鉄ばしごの両脇にも二人が立ち、鉄ばしごをつかんで、膝を折り、机を臨時の段にして上がってもらう。先に上がった若い男から順に引っ張り役になった。屋根は傾斜しているが二百人が避難した。

みな一番高いところへ這い上がろうとしていた。上へ、上へ、という心理が働いている。

「津波から逃れたい。少しでも高いところに避難したい」

そう思うのは当然だが、はたと小山は考えた。高いところほど寒い。

屋根は塩ビ加工した鋼板です。職業柄よく知っていますが、滑りやすい素材です。うっかり足を滑らせ、屋根の下の部分まで滑り落ちた人もいました。幸いけがはなかったですが、小さな子どもたちも多かったので、誰かが三階の消火栓の中から消火用ホースを持って来たりして、それにつかまっている人も多くいました。

女性も多かったのですが、トイレがありませんでした。そこで吉田館長の許可を得て、三階の和室の襖を外し、ホール屋根の隅の樋《とい》のところに囲みをつくり、簡易トイレにしました。

しかし寒さは身にこたえました。火災が起きていましたが、このままではお年寄りの中には具合が悪くなる人もいるだろうと考えていました。第二波は二階屋上まで届かなかったので、寒さと煙を避けるために下に避難することにしました。わたしたちは大丈夫でしたが、お年寄りの中には、真っ暗な中、鉄ばしごを降りることを躊躇する人がたくさんいました。雪で濡れた鉄ばしごは滑りやすいですし、どうしようかと悩みました。

会社の部下が、三階のホール操作室へ行き、そこから天井裏に上がれる階段ルートを見つけました。点検用か何かだと思います。そして天井裏から屋根までの距離を見ると、低いところで一メートル半ほど。そこに机を持って行き、上がると屋根に手が届きました。

建築板金が専門の部下が、「屋根はＡＬＣ（柔らかいコンクリート）だ」と言いました。説明を受けると、日本語では「気泡コンクリート」といい、断熱性などに優れていますが密度はコンクリートの四分の一ほどらしい。そこで「穴が開けられるんじゃないか」と提案したのです。吉田館長に「天井を壊してもいいですか」と確認して了解を取りました。高齢者はこのまま屋根の上には居られないので、吉田館長も穴を開けることを了解してくれたのです。

　三階の調理実習室から包丁を持って来て、まず屋根の表面の塩ビ鋼板を切り裂きました。そしてあらかじめ中身を抜いた消火器の底を打ち付けると何とか掘り進めることができました。とはいえ厚さは十センチほど、補強用に入っている鉄筋を除《の》けながら、穴を掘るので、重労働です。小山板金の従業員だけでなく水産加工場の若者なども加わり、総員十五人ぐらいが交代で作業をしました。

　一時間ほどで、直径六十センチほどの穴を開けました。ようやく一人が通れるぐらいの穴です。もう辺りは真っ暗になっていました。

　念のため消火用ホースを垂らし、一人ずつ天井裏へ下り、そこから階段で操作室に、全員を無事避難させることができました。

　使った消火器は二本。三本ほどは、火災で公民館が万が一延焼した場合に備え、残すことにしていましたので、うまくことが運んでホッとしました。穴を掘るのはなかなか力がいる作業で、わたしたちだけでなく、その場にいた男の人たちが交代で汗を流してくれました。

小山靖雄たちの機転でホールの斜め屋根にいた人たちは助けられた。五十二歳の伊藤いずみは気仙沼市の中心部の港町の朝日生命気仙沼営業所にいた。自宅に比較的近い気仙沼小学校へ逃げようと車で走り出した。自宅で伊藤鍼灸接骨院を経営している同い歳の夫伊藤淳美がどこへ逃げるか気になり、途中で中央公民館の方向へ切り換えた。自宅に近い大きな建物は中央公民館か、それより海沿いでフェリー発着場に隣接した宮城県合同庁舎ビルである。気仙沼小学校はもう少し海から遠い。しかし、夫の判断はどうなのか。やはり、不安はあたった。車で自宅近くを周回すると海側にある県合同庁舎ビルへ向かって歩いていた夫を発見する。どこへ逃げようかと相談した結果、いっしょに中央公民館へ避難と決まった。伊藤夫妻はホール側の斜めになった屋根に這い上がった。

男の人たちが膝をはしごの段の代わりにしてくれたり、女性の避難者のために屋根の東南の片隅に三階から持ち出して来たドアや板などで、簡易トイレをつくったりしてくれてほんとうに助かりました。

津波がかなり引いた後、板金業の男の人を中心に、中身を抜いた消火器の底の部分を屋根に打ち付け、穴を開けていました。そこから天井裏に下り、階段で安全に、ホールの操作室に全員が無事避難できました。寒さでお年寄りなどは大変つらい状況になっていましたし、夜も深まっていたので感謝の言葉しかありません。その夜、夫婦で小会議室横の廊下で過ごしました。

工場も住宅も事務所も、そこで働き暮らす技術は、気仙沼という土壌のなかで育てられてきた。

16

奥玉青年は三階屋上で、第二波が第一波よりもっと高かったらどうしようと恐れていたが、第二波は第一波より低かった。水位は下がり始めている。災厄の主役は津波から火事に移っている。重油タンクに引火したのか気仙沼湾の中央で大きな爆発音も聞こえ猛烈な黒煙の塊を吐き出した。遠い位置にあった炎ががれきに飛び火して波とともに押し寄せている。たちまち火の海に変じている。つい先ほどまでは、子どもたちを抱えて濁流を泳ぎ切ろうと考えていたのだ。火の海は、よく見ると、火のついたがれきが目立つだけで、大部分のがれきに火がついているわけではない。しかし、火のついたがれきが一つでも中央公民館に漂着したら、建物が燃えて避難者が焼死する可能性もあった。その前に煙である。重油を吸ったがれきがもうもう噴き出す黒煙で避難者が咳き込み、苦しんでいる。湾の中央で発生した巨大な煙の塊はつぎからつぎへと生まれる黒い気体を蓄えて膨らんでいく。あれに包まれたらこの屋上の人びとはひとたまりもない。そうでなくとも寒さと吹きっさらしでは子どもたちの体温が奪われる。降ろすしかないのだ。もはや屋上から室内へ戻る時期だ、と奥玉青年は判断して林小春所長に提案した。

「あの煙を吸ったら一酸化炭素中毒になるかもしれない。もう暗くなりかけているから、鉄梯子で下に降りるとしたらいましかない」

林所長は、そうか、と頷いた。

林小春の笛で、三階の屋上から再び三階の室内へ戻る作業が始まった。「おんぶ作戦」で力を使い果たした大人たちを、再び降りるための「おんぶ作戦」が待っていた。ホールの斜め屋根で穴あけ作業を終えた板金業の小山靖雄ら職人や若者が、「調理実習室の屋上にはまだ園児たちがいるぞ」と応援にかけつけた。鉄梯子は雪で濡れていて滑りやすい。登るときよりさらに慎重に作戦を遂行しなければならない。林所長は降りる者に声をかけつづけた。

夕闇が迫り、押し寄せる津波も徐々に小さくなった午後五時過ぎ。わたしは園児を屋根から下ろし、公民館の建物の中に入れることを決めました。身体が濡れている園児も多かったですし、夜の冷え込みに園児が耐えられないと判断しました。また男性陣の力を借り、一人ずつおんぶしてはしごを下り、三階の調理実習室と和室に戻りました。

しかしときどき火の手が上がり、徐々に大きくなっていくのが見えました。火のついたがれきが近くまで流れてきて、バチバチと音を立てて燃えていました。子どもたちにもやや動揺が見て取れました。

しかし七十一人の園児のうち六十一人に保護者が付き添っていたのが幸いしました。親と一緒にいるというのが子どもたちの最大のよりどころでした。一景島保育所では常日頃から「保育所は海に近いので、津波のときは迎えに来ないでください」と保護者には伝えていました。しかし3・11のあの揺れに、多くの保護者が「我が子を守りたい」という一心で駆けつけていたのです。あの危機的な状況、保母だけで全員の面倒は見られなかったかもしれません。保護者といっしょにいる児童が多かったのが幸いしたと今では確信しています。

五歳児を先導して避難した菅原保育士からは「母親が迎えに来なかった園児の

なかには『ママ、いつ迎えに来るの？』と泣き出す子もいた」と聞きました。「お外が明るくなったら来るからね」となだめたそうです。そのいっぽうで、泣く子の母親が無事なのか知るすべもなく、何から何まで不安な夜を多くの保育士が共有することになるのです。

見通しのない闇の中で誰から言われたのでもなく、各々が進んで役割を担った。園児をおんぶして降りる者、声をかける者。マザーズホームの職員中嶋明美は、滑りやすい鉄梯子を懐中電灯で照らした。

津波が収まりつつあったので小さな子どもから下ろすことにしました。夕闇が迫り、一段と寒くなっていました。「ここでは寒くてダメだ」という声がありました。また真っ暗になったら、下に降りるのも難しくなると判断したのだと思います。わたしは子どもたち、お年寄りを下ろし、男性が降りる前に、女性としては最後に下りました。そのときはもう辺りは真っ暗でした。

上からは保母さんが懐中電灯で鉄梯子を照らしていました。下に男の人たちがいて、降りる人たちをサポートしていました。その保母さんの役目をわたしが引き継ぎました。屋根に残っていた男性から「後、女の人いない？」という声があり、「あっ、すいませんわたし、女です」と返事をしました。男の人に「ほんで（それなら）下りらいん」と言われて降りました。いま思い返せば、その都度、その都度、誰かが助言や指示などをしていました。火事で煙が公民館に押し寄せて来たときも、どこからか「背を低くして、煙吸うなよ」という声が響いていました。

最初に気仙沼湾の彼方の火災に気づいたのは五十七歳の気仙沼中央公民館長、吉田英夫だった。三階の給水塔のある調理実習室の屋上へ昇るときに木製の梯子を探して持ってきた人物である。

第二波、第三波に備えるため、館長は北側のホールの斜め屋根のほうへの避難も呼びかけた。第二波、三波は第一波を上回ることはなかった。しかし水は引き波のときでも、二階の床より下には下がらない。一階は水没したままだった。引いた際に二階の様子を見るために降りてみると、津波で破壊された家の柱が壁に突き刺さっていたり、公民館近辺は水産加工場が多いので、凍った魚がごろごろしていた。

重油と汚泥の混ざったヘドロが一面を覆っている。

外から不完全燃焼のストーブのような嫌な臭いが漂いはじめた。

午後四時十五分ごろでした。フェリーの船着場の付近から火の手が上がっているのが見えました。最初は「海が燃えているのか？」と首をひねっていましたが、それが近づいて来るとがれきに燃え移っていたのでした。

重油だけでは火災にはならないのですが、がれきに重油が染み込み、それを芯にして火がついたようでした。がれき火災は、弱くなりつつもつづいていた津波で、押し寄せたり、引いたりしながら、いろんなところを漂っていました。大きな家屋が燃えたまま、公民館近くまで来ました。公民館にぶつかりそうになりました。避難している人たちはとても恐ろしい思いで、その様子を眺めていました。

火のついた屋根そのものはぶつからなかったのですが、一部のがれきが当たり公民館の外壁が一部焦げました。公民館の南隣の勤労青少年ホームとの間が狭くて、がれきが詰まり袋小路的になっており、火のついたがれきがなかなか他へ移動しない。わたしは調理実習室の窓から、火のついたがれきの様子をずっと見ていました。万が一にも延焼したり、窓ガラスが熱で割れたら火が吹き込んで来る可能性もあります。その場合は、消火活動をしなければなりません。子どもたちを含め、四百人以上が避難しているのです。祈るような気持ちで、その炎を見下ろしていました。

二階の創作活動室には家の柱や材木などが窓ガラスを割って入っていたので、火がついたがれきが寄ってきて、それらに火が移ればたいへんなことになります。

わたしたち職員や男性の避難者十人ほどで、燃えやすい木材などを、窓下の海中に捨てる作業をしました。「万が一、延焼したら外階段から全員を避難させるしかない」と思いましたが、津波はまだ押し寄せていましたし、それが現実的な選択としてよいのかは、判断しかねました。

火災ははじめぽつんぽつんと見える程度だった。燃えているがれきは少なかったが、炎は一つまた一つと増えていった。濁流にもまれて漂うプロパンガスのボンベが白い霧のようなガスを噴き上げるとがれきの炎が引火した。クラクションを鳴らしつづける車、ハザードランプが点滅する車も電気系統がショートして燃え出している。それらは別々に起きている火災だった。気仙沼湾の沿岸部に設置されていた重油などを収めた百キロリットル以上の屋外タンクが津波によってつぎつぎと流され、壊れたタンクから重油が流出して水面を黒く覆った。がれきが油分を吸って漂流していくうちに火のついたがれきが火種となって燃え移った。引き波で陸上にあった家屋が湾内に流出し、係留されていた漁船も漂流して内湾を回遊している。それでも火災は限定的だったが、時間をかけて濁流が海面を重油で覆い尽くしたころ、転々とするがれきが導火線となって海面は一気に火の海と化した。ドカンドカンと花火のような破裂音があちこちで聞こえると漂流する漁船が燃え始めた。

火災が最も激しかったのは気仙沼市の中心から北側の鹿折《ししおり》地区で、火は街区全体に及んだ。市内各地の水没したエリア全域に火の手は拡がった。記録によると屋外タンク二十三基のうち二十二基が津波により流出し、十八基のタンクが市内各地で発見された。ほとんどのタンクは、発見場所の周囲や内部には油分がなく、火の海における燃焼の激しさを物語っている。

気仙沼の火の海の様子はNHKのテレビ映像で流された。NHKはその映像をそのままインターネットのユーストリームへも配信した。NHKがテレビ映像をインターネットに配信するのは異例のことで、その結果、世界中の人びとがその光景を見る機会を得ることになる。ロンドンでもパリでもニューヨークでも。

火のついたがれきは中央公民館の周辺を行ったり来たりしていた。すでに記したように三階屋上は黒煙につつまれた。重油が燃える臭いが充満していた。ハンカチを口にあてながら三階屋上から降りたマザーズホーム園長の内海直子は、携帯電話を取り出して、「火の海　ダメかも　がんばる」とメールを打った。ボタンを押す指に心臓の動悸が伝わって正確に文字を変換してくれない。運動会の二人三脚のようで言うことをきかないのだ。

中央公民館の現状はどのように外部へ伝えられていたか、である。通信状況はどうだったか。

災害非常用に指定されている吉田館長の携帯電話が鳴った。午後六時五十五分。気仙沼市災害対策本部からだった。

中央公民館付近の火災がひどくなっていたので、状況を確認する電話です。こちらからは避難者の状態と津波の水位を伝えました。本部は「陸路での救出が可能ならば向かう」という返事で、「これは待つしかない」と思いました。このときが火災のピークで、みんなが一番、恐怖におののいていたころでした。

火のついた船が気仙沼湾を津波の動きに合わせてぐるぐる周回していました。「悪夢の海上ねぶただな」と思いました（海上ねぶたは、ねぶた絵の描かれた山車を船に置き換えた、気仙沼みなとまつりのメーンイベントの一つ。フィナーレの打ち上げ花火と前後して、海上での打ち囃子とともに湾内を巡る）。

外部との連絡は、携帯電話は午後六時ごろから、メールも午後八時ごろには通じにくくなっていました。市内は発信規制がかかっており、全然繋がらず、逆に仙台市からの電話が着信できたりしました。災害非常用電話も午後七時以降は連絡が難しくなりました。

火災のピークが過ぎたころから屋上に避難した人の多くが、屋内に入りました。三階の調理実習室には園児と保護者ら、和室にはお年寄りや、赤ちゃんなどがいました。調理実習室は床だけでなく、調理台の上も利用していました。調理実習室、和室はドアを閉めれば、風も入らず、寒さを一番防げる状態でした。しかも和室は畳敷きです。皆さんが配慮してそのような割り振りをしたのだと思います。

ただ四百人以上いましたから、廊下、ホールの操作室など、いずれもぎちぎちの状態でした。ホールの操作室には百数十人、調理実習室、和室、廊下には二百数十人がいました。わたしたち職員は主にホールの操作室にいて、避難者の男性らと立ったままで一晩過ごしました。わたしは何かあったときに対処できる入口付近に立つようにしていました。出入り口に椅子が一脚あり、疲れた人が交代で少し座ったりもしましたし、外で大半を過ごす人もいました。余震も多く、火も収まってはおらず、とても眠れる状況ではありませんでした。わたしは一睡もできませんでした。しかもすし詰め状態ですから、万が一、大きな余震などで、ドアが開かなくなる恐れも捨てきれませんので、開けっ放しのままにしたから寒風が容赦なく吹き込みます。火災を心配して、一晩中、外の様子を確認している人もいました。避難した方から勧められ、分けていただいた非常食のビスケットを二枚か三枚口にしましたが、水は飲めませんでした。

17

気仙沼市役所に災害対策本部が設置されたのは地震発生直後であった。

菅原茂市長は市役所三階で平成二十三年度一般会計予算を審議する市議会特別委員会に出席していた。総額二百七十九億円にのぼる平成二十三年度一般会計予算について審査する特別委員会の初日だった。

中央公民館があるエリアは魚市場や水産加工場、製氷工場などが軒を連ねている南気仙沼で、気仙沼湾の入口に近い。入港するフェリーが左手に魚市場や観光スポットの海の市を見ながら通りすぎると、その最奥部にエースポートと呼ばれるフェリーの船着き場がある。気仙沼湾の行き止まりがフェリーの船着き場で、隣接する公園に「港町ブルース」の石碑が建っている。魚町や南町など気仙沼の古くからの市街地があり、創業八十年の料亭「割烹世界」など老舗も並んでいた。

狭い平地の市街地から北西の高台へ五百メートルほど進むと、ゆるやかな坂の途中に三階建ての気仙沼市役所がある。一階は市民課や税務課などの市民サービスの部署、二階には総務課や財政課など市の中枢部局、さらに三階には市議会の議場がある。土木課や都市計画課などハードを担う、二階建ての明治四十三年築の第二庁舎は裏手、山側にあり連絡通路でつながっている。

質疑の最中に庁舎がいきなり左右に大きく揺れ動き、騒然となった。

「机の下に入ってください」

総務部危機管理課の佐藤健一課長が大声で叫んだ。気仙沼エリアの地震や津波の歴史、市内隅々の地形を知悉し、地元消防団や住民とは膝をつきあわせてきた、危機管理課の主といえる存在である。

本庁舎は古い建物でぎしぎしと音を立て、崩れそうなぐらいに揺れ、停電した。昭和三十五年築で耐震基準が改正される前の建物である。会議室の椅子は転び回った。机の下に入るだけではままならない。庁舎そのものが危ない。二分、三分と揺れが収まらない。宮城県沖地震がとうとう来たかと考えながら、佐藤課長は頭を低くしたまま、動き出し、廊下へ駆け出た。大災害となれば気仙沼は孤立する、との確信のようなものがあった。初動が命運を分ける。

「屋外です。屋外に出てください」

菅原市長以下、幹部職員は、佐藤課長の後を追うように駐車場を挟んで平成十一年に建築された分庁舎へ慌ただしく移動した。庁舎の所在地の番地表示から「ワン・テン庁舎」と呼ばれている。坂の中腹の本庁舎に対して海側、フラットな市街地側に建っている。危機管理課はこのワン・テン庁舎の二階にある。ワン・テン庁舎は、気仙沼市出資の第三セクターによって建てられた。本来は、地域活性化のためにつくられた商業ビルであった。仙台への一極集中を防ぎ市街地の空洞化対策のために一階と二階に飲食店やブティック、三階と四階を駐車場とするのだが思うようにいかず、経営に行き詰まり十年後に市が買い取り第三庁舎とした。二階に災害対応をつかさどる危機管理課が置かれた。

しかし、危機管理課も本庁舎と同様に停電でフロアの蛍光灯も消え、テレビ画面も消えている。パソコンは端末にバッテリーが残っている。非常用電源に接続した無線から刻々と流れる地震や被害の情報を職員が読み上げている。気仙沼湾沖合に気象庁のGPS波浪計が置かれているが、故障したのか、そのデータは届いていない。

菅原市長は、佐藤危機管理課長からの自衛隊派遣要請の報告を受けたが、被害状況がわからない、情報が足りない。ワン・テン庁舎の屋上へ向かった。坂の下なので本庁舎よりやや低い位置だが、屋上からは気仙沼湾が一望に見渡せる。

携帯電話をかけた。八十一歳の母親が足を悪くして車椅子でないと動けない、それが気に懸かった。しかし、災害時にどうするか、日頃から打ち合わせをしてあったので、その通りに行動していれば問題ない。電話に出た妻りえに「とりあえず(自宅の)二階でいいんじゃないか」と伝えた。菅原市長の自宅は中央公民館が建っているエリアにあった。

わたしの自宅は弁天町一丁目で、中央公民館から二百メートルほどです。水産加工場や住宅が密集した地域で、魚市場もすぐそばです。ただ母親が車椅子で移動するには中央公民館は少し遠い。幸い、自宅から仰ぎ見るような近い位置に、六階建てのホテル一景閣が建っています。周りは二階建て、三階建てですから六階建ては際立っています。近いとはいえ百メートルほどの距離はあります。

妻りえは市内の眼科医院に、コンタクトレンズをつくるため出かけていて、留守でした。そこで慌てて車で自宅に戻りました。眼科からは海側へ降りて来るわけですが、道路の反対車線、山側の方角は地震発生直後から渋滞していたようです。「これでは山側に避難はできない」と思ったそうです。中学三年の次女は帰宅途中で地震に遭い、そのまま自宅へ帰りました。午後三時に母親、妻、次女の三人が自宅に揃いました。地震直後に気象庁が発表した津波到達時刻は午後三時ですから、間に合っています。実際に津波が襲来したのは三時三十分過ぎでした。電話が繋がったときに「とりあえず二階でいいんじゃないか」と言ったのは、昭和三十五年のチリ地震の津波で自宅は流されなかったからです。

明治二十九年の大津波の死者・行方不明者は約二万二千名、昭和八年の大津波は約三千名、昭和三十五年のチリ地震津波は百四十二名と、チリ地震津波は過去の大津波に較べると死者数が少ない。

しかし、チリ地震津波は不気味であった。明治二十九年の津波も昭和八年の津波も、地震で激しく揺れたあとに津波が来たのである。チリ地震は揺れが体感できない。「昭和三十五年（一九六〇年）五月二十一日、気象庁は南米チリの大地震をとらえ、つづいて二十三日午前四時十五分、四度目の地震がきわめて激しい地震であることも観測した。さらにその地震によって起きた津波が、太平洋上にひろがり、二十三日午後八時五十分頃にはハワイの海岸に襲来、六十名の死者を出したことも承知していた。しかし、気象庁では、チリ地震による津波が日本の太平洋沿岸に来襲するとは考えず、津波警報を発令しなかった」（『三陸海岸大津波』）

地球の反対側のチリ地震による津波が、途中で減衰せずに一昼夜かけて日本に到達するとは考えつかなかった。過去の津波は高々とそびえ立ち突き進んできたが、チリ地震津波は海面がゆっくりと膨れ上がって、漁師の印象では「のっこ、のっこやって来た」のであった。だが海面の高さは想像以上で、たちまち人家を呑み込んだ。

チリ地震津波は三陸地方沿岸で高いところでは五メートルから六メートルと記録されている。気仙沼も湾奥では波高が高くなり浸水被害を受け、死者二名を記録している。菅原市長が二階で大丈夫と思ったのは、被害が比較的に小さかったと記憶していたせいであろう。しかし、菅原市長は当時二歳なのでほとんど記憶はなかったと思われる。

東日本大震災の一年前、二〇一〇年二月二十八日にもチリ地震による津波が三陸沿岸に襲来している。魚市場では五十センチから六十センチ程度の浸水があった。浸水はその程度であってもカキやワカメの養殖筏《いかだ》が数多く湾内を漂流し、撤去に手間取った。養殖業の漁師はかなり損害を被っている。それでも陸地での浸水被害はほとんどなく罹災者はいなかったので、深刻な災害ではなかった。

わたし（菅原市長）は妻との電話で、自宅周辺では「津波の一時避難はホテル一景閣」と取り決めていると聞きました。中央公民館よりホテル一景閣のほうが近い。公務中なので妻とのやりとりは短く、どうやって足の不自由な母親をホテル一景閣まで連れて行くのか、結論が出ないまま通話を終えました。

結局、妻は娘といっしょに、母親を荷物を運ぶキャリアに乗せ、ホテル一景閣を目指したようです。ところが台車を押していると台から滑り落ちてしまう。たまたま車で通りかかった人に母親を乗せてもらい、ホテルにたどり着くことができました。

みんなが母親を抱きかかえて三階まで階段を上ってくれました。ようやく三階まで上ったのですが、そのとき魚市場の向こうに津波の黒い壁が見えたそうです。そこでまた避難していた人たちの助けを借りて、母は最上階の六階まで引き上げてもらったのです。長女は高台の気仙沼高校にいたので無事でした。八十二歳の父親は市内の老人福祉施設にいました。停電で暖房が止まり、低体温症になり、一週間後に市立病院に入院することになります。このあと中央公民館一帯は火に包まれますが、一景閣も黒煙につつまれているようなので、メールで妻に「火が迫ったら、屋上へ行って、風上に回り、身を低くし、濡れタオルを頭から被ること」と伝えましたが、その後、電源が切れ、通じなくなりました。

菅原市長はワン・テン庁舎の屋上から内湾を眺めた。遠くに土煙が舞っている、何だろうと眼を疑った。サイレン音が耳に刺さる。防災行政無線が屋外スピーカーを通じて広報活動をつづけていた。

「気仙沼市からお知らせします。宮城県沿岸には大津波警報が出されております」

と繰り返している。

「強い引き波が観測されています。歩いて高台などへ避難してください」

屋外スピーカーの声は重なり合って聞き取りにくい。

ワン・テン庁舎の屋上では議員や職員が、気仙沼湾を見つめ、呆然としている。

指をさす者がいる。

「内湾で船がぐるぐる回っているぞ」

やがて津波は道路伝いに浸入して、車を押し流しながらギーギーと音を立てて商店街にぶつかり、新たながれきを増やして進んで来る。車とがれきを引き連れた濁流はワン・テン庁舎前の道路にまで流れ込んだ。ワン・テン庁舎の一階にどす黒い海水が浸入した。本庁舎までは達しなかった。気仙沼市役所は高台との境界線にあった。

津波を逃れて市庁舎に避難する者が増えてきた。着の身着のまま逃げてきた人びとのために職員が庁内のストーブをかき集めて置いて回った。

市役所の危機管理機能はほとんど失われかけていた。電線は寸断され、建物は倒壊し、通信手段も失われていく。津波による浸水のため車両も現場に近づけない。それぞれの職場は周囲と隔絶され、孤立していた。救われる側だけでなく、救う側でもどうしたらよいのかわからないのだ。

危機管理課のフロアに置かれたホワイトボードは、つぎつぎと入る情報で埋め尽くされていく。日没が近づくにつれて室内は暗くなる。懐中電灯が頼りであった。

災害対策を任務とし、来《きた》る宮城県沖地震に備えてきた気仙沼市危機管理課の職員たちも救援の中心にいながら、同時に被災者であった。被災しながら、住民のライフラインとなる情報を発信しつづけていた。

18

市町村などの基礎自治体は災害があれば地域の前線基地となる。とくに初動は、地震によってどこの建物がどのように損傷し、どのような人的・物的被害が出たか、あそこの岸は何メートルの防潮堤があるがどうだったろうか、あちらの河口の水門は閉めることができただろうか。モニターには何が映っているか、気象庁は何と言っているか。ありとあらゆる情報を取り込んだうえで、被害の全体像を摑み状況を判断しなければならない。まずは現時点で発生している災害を最小化して、二次災害を防ぐために、何をしなければいけないか、限られた手段のなかで選択を迫られる。あらかじめ計画をつくってはいるが、マニュアル通りには進まない。

予算特別委員会が開かれていた本庁舎からワン・テン庁舎の自席に戻ったとき、佐藤健一危機管理課長は情報収集と伝達手段の多くを奪われていることに愕然とする。固定電話の回線はつながらない。庁内にLANケーブルでつながっているパソコンもインターネットに接続しない。他機関と連絡するために宮城県が用意した発電機付き衛星無線電話だけは機能している。

気仙沼市内の地震は震度六弱であった。三分後には気象庁が東北太平洋沿岸に大津波警報を発令している。気仙沼市はすぐに菅原市長をトップに災害対策本部を立ち上げているが、できることは限られていた。実際には火災、救助、救急は消防が担当している。他機関への応援要請や物資の調達などの調整や避難所の開設は市役所の危機管理課の仕事である。津波情報をいかに避難誘導に結びつけるか、限られた時間でどう広報するかである。

宮城県が二〇〇四年に発表した地震被害想定調査報告書では、「宮城県沖で三十年以内に九九パーセントの確率で大地震が起きる」と予測されていた。

その想定での気仙沼エリアは、以下のようにCGで画像化されていた。

「沿岸では地震発生から約十分で引き波が見られ、気仙沼湾口では約二十分で高さ七・六メートルの津波の第一波が到達。湾に向かって突き出た岩井崎を一気に飲み込み、鉄筋コンクリートの三階建て以上の部分を残して岬を貫通していく。一方、湾内に進んだ津波はコンブやカキなどの養殖イカダを押し流しながら市中心部に向かって浸入。地震発生から約四十分弱で湾最奥へ到達し、船やイカダの残骸を乗せて市街に押し寄せる。大川でも川面を海水が遡上。コンビナートなど周辺の施設を直撃する。地震発生から約四十分後、津波は海岸線から数百メートルにまで到達。気仙沼湾を中心とした生活や水産業の活動拠点を広範囲に飲み込んでしまう……」

(「月刊LASDEC」二〇一〇年十二月号)

ほぼ東日本大震災での災害を事前にイメージできていたのである。気仙沼市危機管理課では、地震被害想定調査報告書を繰り返し読み、CG画像も頭に叩き込んでいる。実際には、この想定を遥かに超えて浸水域が拡大することになる。

岩手県宮古市田老地区のような高さ十メートルの防潮堤でも、想定を超える大津波に対しては磐石ではなかった。気仙沼市危機管理課では、地方自治体としての限られた財源のなかで対策を講じてきた。一時避難所として人工地盤化した高さ十メートルの魚市場が海沿いの多くの市民を救ったことも事実だし、高台へ登る階段に手すりやロープをしつらえたりしたのも避難に役立った。ハザードマップ作りのために百以上の町内会を回り意識改革に努めた。避難誘導の看板ひとつでも公共の空き地に置くような役所仕事をせず見やすい場所をいちいち点検して置いた。大きな土木工事が津波対策に求められるとしても、コンクリートなどのハードだけでは自然の脅威に対して限界があるのだ。要は自分の命を自分で守るという主体の形成、住民の意識の覚醒である。生きたい、という気持ち、知恵をひとりひとりがもつことが減災につながる。

気仙沼市危機管理課では細かいことであっても事前に打てるだけの手は打ってきた。震災が起きたとき、たまたま居合わせた中央公民館の入口で、消防団の千葉一志分団長や危機管理課の佐藤課長の部下たちが避難を誘導したが、彼らも助ける者であると同時に、被災者でもあった。消防署や分団屯所も被災しポンプ車も津波に流される。東日本大震災は近代日本がつくりあげた防災力を遥かに凌駕していた。もはやあとは、住民ひとりひとりに、高台に逃げて、と伝える、その情報が最後のライフラインである。

防災行政無線のスピーカーから吐き出される音声やサイレンでは、住民に正確な情報を伝え損ねる可能性がある。拡声器の反響音の重なりで、意味をつかめず聞き逃す高齢者がいたらどうするか。陸地にいるとはかぎらない。海上に出ている漁師たちにどう伝えるか。

危機管理課では、災害が発生した際に住民に確実に情報を伝えるための伝達手段を多様化させる方法を模索していた。

ひとつはエリアメール、ひとつはツイッターである。

エリアメールとは、災害が起こった地域で、通信の混乱の影響を受けない一斉メールの配信によって、自治体独自の緊急情報を流すことができるNTTドコモのサービスだ。気仙沼市では震災前年の四月に導入した。緊急地震速報に準じる地方自治体版の速報である。マナーモードに設定していても自動的に解除され、音声や振動とともに画面にこう表示される。以下はその半年前に実際に発信されたエリアメールである。

「訓練、訓練、ただいま当地方に震度六弱のかなり強い地震がありました。なお、津波発生のおそれがありますので十分ご注意ください。これは訓練です」

エリアメールは沿岸フェリーが通る範囲まで届けられると期待された。防災行政無線のスピーカーは届く範囲が限られている。音も反響して聞き取りにくい。海上や沿岸で働く漁師や水産業の人びとに避難を促すには別のやり方がなければいけない。防災行政無線のスピーカーが耳に入っても、耳で聞くより眼で見る情報のほうが早く認識できる。携帯電話に緊急情報が入るようにすれば湾内の船も気づく、と考えた。

ツイッターは前年の七月に始めた。エリアメールによる緊急情報をさらに補完できればという発想だった。その日の気温や注意報、防災イベントの告知などを発信した。地震や大雨などの気象情報もツイッターで伝えている。フォロワーは震災までに七百人ほどに達していた。

危機管理課の四十歳の伊東秋広は、事前の想定通り、最初の揺れがきたときにすぐにエリアメールを配信するために自席のノートパソコンの前に坐った。電気は消えたが、庁舎の一部の機能は予備電源に切り替わっている。エリアメールを配信するシステムにログインした。急いで「宮城県沿岸に大津波警報、高台に避難」と打ち込んでからエンターキイを押した。

ところがいくらエンターキーを押しても送信されない。ログインまでは問題がなかった。もう一度、エンターを押した。何回も押した。しかし配信する直前でつながらなくなっているようだった。庁舎内のサーバーは地震発生直後の停電で機能が停止し、庁内のLAN（通信回線）もつながらなくなった。

インターネット回線には可能性があった。エリアメールはあきらめてツイッターによる告知に切り換えた。モバイル通信用の端末をパソコンに接続した。これでインターネットにつながるはずだ。二日前の三月九日の震度四の地震では「気仙沼では、現在も約六十センチの津波が、幾度か観測されています。海岸付近には近づかないようにしてください」と打った実績があった。

エリアメールが機能しないとわかった時点でのツイッターへの切り換えは速かった。最初のツイートは地震発生から九分後の午後二時五十五分である。

14・55　宮城県沿岸に大津波警報　高台に避難
15・02　大津波警報発令　高台へ避難
15・03　大津波注意報　予想六メートル　すぐに高台へ避難
15・04　大津波警報　予想される津波高六メートル　すぐに高台へ避難
15・05　大津波警報六メートル　すぐに高台へ避難
15・17　宮城県沿岸に大津波警報　すぐに高台へ避難

15・18　余震が頻発しています　大津波警報発令　すぐに避難
15・28　大津波警報　すぐに高台へ避難
15・31　津波が到達しています　すぐに高台へ避難

危機管理課の伊東秋広は、ワン・テン庁舎二階の危機管理課でツイートをしていたが、窓の外の様子は気になっていた。屋上から「来たぞ、来たぞ」とざわめきが聞こえる。屋上へ駆け上ってみた。津波がワン・テン庁舎に迫っていた。四階の駐車場で市街地を見ながらツイートした。

15・38　津波は八日町（市役所所在町名）まで来ています　すぐに避難
15・39　市街地まで津波到達　すぐに避難
15・40　大津波警報　すぐに避難
15・41　市街地まで大津波　避難

第二波は第一波より大きい、と恐れられていた。中央公民館に避難して濁流を見つめていた奥玉青年と同じように市役所にいた伊東秋広も第二波は、より大きいのではないかと信じていた。

16・12　高台へ避難　余震頻発　津波は何度もきます。絶対に戻らないこと。
16・20　第二波は大きいという情報があります。すぐに避難してください。
16・35　大津波警報　先ほどより大きい津波が来る恐れがあります。

第二波が来る、というツイートはこれより一時間後まで発信されているが、第一波のような明瞭な波ではなく第二波や第三波は入り混じってうねっていたようだ。

17・52　大津波警報発令中　水位が下がっても絶対に海に近づかないこと。
17・53　市内各所で火災発生中　すぐに避難

津波から火災発生へと事態は変わっていった。すでに中央公民館の屋上へ避難した人びとを通じて示したような状況へ、ツイートも推移している。ワン・テン庁舎は一階が水没する程度だった。防災行政無線の拡声器は、鉄柱が津波に破壊されるまで音声とサイレンが途絶えなかった。

ツイートは午後十時三十七分までに合計六十二回、発信された。パソコンに打ち、携帯回線を通じて発信するのだが、携帯電話の電波をつなぐアンテナ基地局のバッテリーがついに切れた。基地局のバッテリーは停電後、八時間近く維持されていたことになる。

携帯電話は個人のバッテリーが機能していても、基地局のバッテリーが切れると自動的に使用不可能となるのだ。

19

宮城県沖は地震多発エリアである。とくに宮城県沖地震に絞ってみれば、過去六回のマグニチュード七以上の地震は、平均三十七年の間隔で発生している。地震の専門家にとって三十七年は短い周期だが、大きな津波を若い世代は経験しておらず、昭和三十五年（一九六〇年）のチリ地震の津波は五十一年前なので、高齢者でも記憶が薄れている。だからこそ、行政側は危機意識を高めており、真剣に津波対策に取り組んでいた。

震災前、気仙沼市危機管理課の伊東秋広は、チリ地震の津波を前提にしない準備についてこう語っていたのである。

「気仙沼市では最近チリ沖津波しか経験していないため、現在の住民のほとんどは『津波がくる前に潮が引いていき、その後ゆっくり水位が上昇してくる』というパターンしか体験したことがありません。様子を見ながら避難できると思っている人が多いんです。しかし宮城県沖地震津波はチリ地震津波のように一日かけてやってくるわけではなく、今の映像のように十分から二十分で襲ってきます」（前掲「月刊LASDEC」同号）

気仙沼市と隣接している南三陸町は、耐震構造三階建ての防災庁舎を一九九六年（平成八年）に完成させた。チリ地震の津波高を基準にして五・五メートルの防潮堤を築いて、二段構えで高さ約十二メートルとした。南三陸町ではチリ地震津波で四十一人の犠牲者を出している。毎年五月二十四日、チリ地震津波の日には防災訓練もしていた。震災の前年にはチリ津波地震五十年ということで自衛隊を含めて大規模避難訓練もしていた。

気仙沼市から仙台方面へ海岸沿いに南に下がると陸地が大きく凹む。志津川湾である。志津川湾の北端にあたる歌津町と湾の奥にあたる志津川町が合併して、志津川町に南三陸町役場が置かれた。平成の大合併のひとつである。南三陸町の人口は一万八千人で、七万人を超える気仙沼市に較べると市街地の規模は小さい。大島という天然の防波堤を抱く気仙沼湾に対して、志津川湾は太平洋に向け開けた形状をしていて、津波被害をより直接的に受けやすい地形である。

耐震構造三階建ての防災庁舎は、海岸線から五百メートル離れた木造の町役場の横に建てられた。住民向けの広報のため防災行政無線が整備され、全戸に防災無線戸別受信機まで設置された。広報機能としては万全といえた。

3・11の午後二時四十六分、佐藤仁町長が、町役場二階の議場で、町議会閉会のあいさつに立ち、「二日前にも地震がありました。さらに災害に強い街づくりを」と述べた瞬間に議場が揺れはじめた。揺れが収まったのち机の下から出て一階の町長室で防災服に着替えると、すぐに隣の防災庁舎二階の危機管理室へ移動した。

気仙沼市と同様に南三陸町にも危機管理課がある。危機管理課の職員は水門の状況など情報収集にあたった。危機管理室には警察職員、広域消防職員、町の消防団長、県職員など合わせて四十人余りが集まっていた。二階には放送室もあり、防災行政無線の呼びかけは年配の男性係長と、二十四歳の女性職員、遠藤未希が担当した。

「震度六弱の地震を観測しました。津波が予想されますので高台へ避難してください」

すぐにマイクを握った遠藤未希の最初の発信だった。まだ大津波警報が出ていなかったが、危機管理課の判断で高台避難を呼びかけた。その直後、気象庁の大津波警報が出た。

「大津波警報が発令されました。ただちに高台に避難してください」

最大六メートルと発表があった。すぐに「最大六メートルの津波が予想されます」と入れた。ここまでは気仙沼市の防災行政無線と同じである。拡声器での呼びかけは、反響音が混じってしまうもののかなり明瞭に聞こえている。危機管理課の職員は、六メートルの津波なら、五・五メートルの水門より高いが、十二メートルの防災庁舎だから大丈夫だ、とこの時点では思っていた。

防災庁舎の窓から海岸線が見える。職員が、異常な波の引き方だ、と口々に驚きの声を発していると、遠藤未希は「ただいま、海面に変化が見られます」「異常な潮の引き方です」と反応して即座に呼びかけた。津波が防潮堤を越えたのは午後三時二十分だった。

このとき佐藤町長は、津波が防潮堤の三倍の高さまで鎌首をもたげているありさまを見て驚愕している。佐藤町長は、津波は来る。だけど五、六メートルなら防潮堤がはね返してくれる、と思っていた。

「ところが、気象庁の津波警報は、途中で変わっていたんですよね、津波の高さが六メートルから十数メートルに。私は後日になって聞かされた。気象庁が、それを変えたのは地震発生から二十八分後だったそうです。ということは、第一報が地震発生から三分後でしたから、午後三時十四分ということになります。情報が錯綜して、庁舎内は混乱のさなかでした。ただ、たとえ十メートル超と、その時刻に知ったとしても、既に高台へ逃げきれる時間的な余裕はありませんでした。三時二十分が過ぎたころ、屋上から『津波が来たぞ！』という声が聞こえてきました。海を見ていた職員の声でした。しかし、誰もがそうだったと思いますが、避難というより何よりも津波の大きさを知りたかった。……海岸線に真っ黄色の土ぼこりが立ちました」（佐藤仁『南三陸町長の3年』）

本庁舎と防災庁舎を結ぶ渡り廊下にいた総務課長は、窓から庁舎脇の八幡川を見ると、津波が新幹線のようなスピードで遡上している。防災庁舎に駆け込んで「津波が来るぞ、逃げろ」と叫びながら階段を上り屋上へ向かった。遠藤未希の防災行政無線の呼びかけは「津波が襲来しています。急いで高台に避難してください」に変わった。轟音とともに津波が迫ってきた。

呼びかけはぎりぎりまで行われている。六十二回の呼びかけのうち四十四回は遠藤未希で、音声記録は最後に「上へあがっぺ、未希ちゃんあがっぺ」という男性の制止の声が入って終わっている。防災庁舎には町役場職員や逃げ込んだ住民、五十二人がいた。

赤い鉄骨の骨組みだけが残された防災庁舎を正面から見ると、左が海側、右が山側である。山側に外付けの非常階段があり屋上へとつながっている。左から十五メートル超の津波が襲った。津波はコンクリートの壁を打ち砕き、屋上を覆い尽くし、防災庁舎を丸ごと洗い流した。屋上のフェンスは跡形もなく消えていた。屋上の山側に高さ五メートルの尖った無線用アンテナ鉄塔が残っていた。山側の非常階段もねじれて残っていた。アンテナ鉄塔や山側にある非常階段にしがみついて命拾いした人もいた。犠牲者は五十二人のうち四十一人であった。四十一人のなかに最後まで危機管理課で防災行政無線の係として呼びかけをつづけていた二人が含まれる。

南三陸町の防災庁舎を襲った津波は、さえぎる高台にぶつかるまで勢いが衰えず突進した。海岸から一・五キロメートル離れた山裾に鉄筋コンクリート二階建ての南三陸消防署があった。南三陸消防署は海抜七メートル、浸水想定区域外であり、高台へ避難するというマニュアルはない。

非番の署員も非常召集を受けて駆けつけ、消防署前の国道で海側へ向かう車に対して高台へ向かうよう避難誘導をしている。二階の指令室に監視モニターがあった。町役場の災害対策本部で指揮していた副署長から「津波が水門を突破した」と無線連絡が入った。指令室の監視モニターも水門を映していたが、津波が襲った瞬間、映像は途切れた。

巨大な水の塊ががれきとともに迫ってきた。外で避難誘導をしていた消防署員もあわてて二階へ駆け上がった。しかし、津波は二階の窓を突き破った。署員は逃げる場がなく引き波にさらわれ流された。南三陸消防署では非番を含めて十四人が指揮、避難活動をしていたが、町役場にいた副署長を含め九人が殉職している。

気仙沼湾という内湾、市街地に大きなビルがあった気仙沼市と違い、南三陸町は太平洋に向き合いさえぎる壁がほとんどない。犠牲者は多かった。

東日本大震災における消防職員の死者・行方不明者は二十七人であった。そのうち九人が南三陸町の消防職員の死者・行方不明者である。震災後、同僚の職員は、救助される側だけでなく救助にあたる側の立場であっても、想定を超える場合がないわけではなく、いつ被災者になるかもしれない、そんな苦渋を語っている。

三月十一日、巨大地震と大津波により町内各地から黒煙と火柱が立ち上り、爆発音が耳をつんざき不安や恐怖と戦いながら過酷な消防活動をしていたときでした。十名の同僚の行方不明の情報が入ってきました。その現実を私は受け入れることができませんでした。悔しさと絶望感のなか、頭のなかを整理することだけで精一杯だったことがいまでも鮮明に思い出されます。

南三陸消防署では、署内で活動していた消防職員と付近の国道で避難誘導にあたっていたと思われる消防職員八名が亡くなりました。南三陸町防災対策庁舎に設置された南三陸町災害対策本部に出向していた職員一名は津波襲来に伴い、屋上に退避したと思われますが、そこで命を失いました。気仙沼市本吉町で一人暮らし高齢者の防火訪問を行っていた消防職員一名は、訪問先の高齢者とともに水道事業所に退避しましたが、屋根を超える津波が押し寄せ、命を失いました。いずれの場所も宮城県第三次想定の津波であれば安全と思われた場所でした。

殉じた同僚との思い出はたくさんあります。新米のわたしに消防のいろはを教えてくれた先輩がいました。悩み苦しんでいたときに背中を叩いてくれた先輩がいました。道に迷ったとき、進む先を教えてくれた上司がいました。いっしょに大笑いをしながら飲み明かした仲間がいました。これからが楽しみな若者がいました。わたしにはいまだに信じられません。ふと、あの人たちが帰ってくる気がしてならないのです。

発生からおよそ七ヵ月後の十月十二日、学識経験者を交えた消防職員の津波被災事故検証再発防止委員会が発足しました。約四ヵ月間にわたる検証の末、平成二十四年二月に結果が全国に発信されました。その報告書のなかで消防職員は心理的に職責を全うしようとする使命感から、危機を感じにくくなること、ほかの人々が避難誘導しているなか、先に避難するわけにいかないという義務感から撤退が遅れがちになるという考察がなされています。

今般、南海トラフ地震においては、最悪を想定されたものに一新されました。これをうけ、関連消防機関では、地震津波活動計画等の見直しが検討されると思います。そういったなか、先に述べた消防職員の心理を理解したうえでの退避を基本としたルール作りが必要ではないでしょうか。

津波発生時の消防活動は急性期の活動に留まらず、その後もあらゆる災害が長期にわたって発生し、長期間にわたる活動が余儀なくされます。消防職員が犠牲になるということは、これらの活動にも大きな影響を与えることは間違いありません。なにより仲間を失う悲壮感は心理的に多くの消防職員に大きなダメージを与えることでしょう。

津波に対する住民指導については、自宅等に戻ることなくそれぞれがもっとも近い高台にいち早く逃げることを事前に決めておく。すなわち、三陸地方に伝承される「津波てんでんこ」の考え方を踏襲した指導を行うとともに、早期の情報伝達による住民避難を促進していく。そのうえで消防職員という人材を守るための組織をあげた取り組みが必要であることを提言いたします。あれから二年、被災地消防本部が受けた大きな傷はいまだに癒えません。しかし、災害は待ってはくれません。いつまた自然が猛威をふるうかはわからないのです。わたしが皆さんに伝えなければいけないこと、それは、どうか命を大切にしてほしい。どうか殉じないでほしい。これに尽きます。そしてこのことを訴えていくことこそが、残されたわたしたちの使命なのです（二〇一三年六月二十六日、福岡県北九州市で全国消防長会が開いた「全国消防職員意見発表会」、気仙沼・本吉地域広域行

政事務組合消防本部職員（三浦勝郎の発言）。

20

気仙沼市と南三陸町を管轄する広域の消防本部「気仙沼・本吉地域広域行政事務組合消防本部」は気仙沼市の南部の高台にある。消防本部・消防署を併せて防災センターを兼ね備えた鉄筋コンクリート三階建てで、備蓄倉庫もある。

千葉章一消防長が午後五時、防災センターを出て災害対策本部のある気仙沼市役所に到着したとき、庁舎内が停電で真っ暗であることに愕然とした。情報収集と伝達手段の多くが奪われている、と市危機管理課の佐藤健一課長から知らされていた。古い本庁舎は余震に耐えられない。新しいワン・テン庁舎も一階は浸水して使えず、本部機能を担うはずの二階の大ホールには近隣住民が避難して職員も対応に追われている。菅原市長が口を開いた。

「市役所は停電しているが、防災センターはどうですか」

「うちは非常用電源が動いています。市長、災害対策本部を防災センターに移しましょう」

市長就任わずか一年足らずで起きた大災害だが、冷静になろうと努めている。市長はすこし考えて応えた。

「わかりました。いまから行きます」

市役所から防災センターまで直線で三キロメートルほどの距離である。消防の赤いジープに千葉消防長と乗り込み、水没した市街地を避けて、少し大回りして山側の国道を南下すると十五分程度である。

高台に消防本部を建設したのは十五年ほど前であり、すでにこの時点で震災に対する備えは進められていたのである。宮城県本吉郡歌津町と志津川町が合併して南三陸町の名称になった。その前に気仙沼市と本吉郡の消防の統合本部がつくられていたので「気仙沼・本吉地域消防本部」の名称が残っているのである。

三階建ての防災センターの建物は、丸みを帯びて大型漁船の船尾のように見え、目立つようにつくられている。二階建ての倉庫には食料、毛布などの生活必需品が備蓄されている。気仙沼消防署が併設されており、救出救助訓練をする六階建ての訓練塔と二階建ての訓練塔が二棟あり、駐車場は臨時のヘリポートも兼ねている。防災センターには地震や消火の体験施設や視聴覚施設があり、防災教育のための小学生の見学コースにも利用されていた。

菅原市長を乗せて千葉章一消防長は防災センターに戻った。警察や海上保安庁など各関係機関が参集した。

高台の無傷の防災センターに災害対策本部を移すことで、被災状況や、どこで何が起こっているかというリアルタイム情報をつかもうとしたのである。だが防災センターへ到着しても、情報の集約が必ずしもできたわけではない。気仙沼市内の火災状況は、防災センターに置かれたテレビに自衛隊の空撮が映されて、初めて全体像がつかめたのである。

消防本部が南三陸消防署が全壊したという情報をつかんだのは午後五時五十五分、じつに被災から二時間三十分も経っている。

ふつう消防署は安全地帯から救助に向かう。しかし南三陸署のように消防署自体が消滅してしまい、消防士も殉職してしまえば、思うように救助活動ができない状態になる。消防本部と併設されている気仙沼消防署は高台にあり被災は免れていた。だが住民から一一九番通報が入っても、浸水している現場へ救助に行くことはむずかしい。

最初の火災発生は午後三時三十分であった。気仙沼湾口の冷凍工場から黒煙が上がった。地震に起因する最初の火災であった。しかし、断続的に津波が来襲する状況では近づくことはできない。

つづいて湾奥の鹿折地区で三時四十分に出火した。これは気仙沼消防署南町出張所の救急隊が確認して無線報告をしてきた。鹿折地区の火災はがれきに燃え移り拡大した。気仙沼消防署ポンプ車隊が現場に向かった。「東日本大震災消防活動の記録」によると「現場到着時、街区全体に火災が拡大し大規模火災の様相を呈しており、明らかに消防力は劣勢であり、延焼防止を主眼とする防御活動とした。市街地の北側鹿折バイパス高架橋付近及び東側変電所付近、さらに西側JR大船渡線を防御線として防御活動を実施するが、数回にわたる津波襲来により隊員が高台へ退避したため、消火を中断せざるをえなかった」と記されている。

延焼している鹿折地区に近い場所には、介護老人保健施設リバーサイド春圃、気仙沼市総合市民福祉センターやすらぎがあった。介護施設には施設職員も含め百五十二人、隣の市民福祉センターには八十五名が取り残されていた。だが消防署が歩行困難者を含めて孤立した高齢者、逃げ込んだ避難者の状況を確認したのは翌日午前十一時だった。確認したところ施設一帯で五十九人が津波にさらわれていた。

午後四時二十六分、高台で監視中の消防隊員が市民会館の高台と中央公民館の中間地点の市街地でも火災が発生していると気づいたが、水没したエリアなので近づけない。

午後五時三十四分の通報は、気仙沼湾の市街地の対岸の火災であった。対岸には造船所が並び、後背地は森林である。対岸までは湾を大回りする県道が一本あるのみ、それもがれきで通行不可能となっていた。燃えたがれきが漂い、拡がる火災に為す術がない様子が「消防活動の記録」にたんたんと記されている。

「気仙沼市二ノ浜地内の造船所から約百メートル西側海上で何らかの原因で出火、津波により流出した養殖イカダ、建物等の瓦礫、船舶、石油タンクから漏洩した石油等に着火した漂流物が押し寄せた津波に乗って二ノ浜・小々汐《こごしお》地区の海岸線から商港岸壁、魚市場側の西側海岸線に沿って内湾を通り、東側の大浦・小々汐地区を対流してきた漂流物が、浸水と西からの風の影響もあり、防波堤を越えて住宅地に入り込み、浪板・大浦・小々汐地区の海沿いに堆積していた瓦礫に延焼、飛び火により大浦・小々汐地区の山林に延焼拡大」

午後五時四十六分に造船所付近の住宅で三人が取り残されていると通報があり、救急隊が向かった。がれきや漁業用ロープが散乱していてそれを手作業で除去しながら二階建ての家にようやく辿り着く。被災者は二階にいて足腰が不自由だった。二連梯子で二階から下ろして隊員が背負って救急車にかつぎ込むが、市街地へのルートは津波で寸断されているので遠方の体育館に搬送せざるを得なかった。

ＮＴＴ回線が被災して夜七時十分に一一九番がつながらなくなった。

消防本部通信指令課で一一九番対応をしていた及川智彦消防士長は「天災を恨み、人の力の無力感に打ちひしがれる、そんな思いでした」と述懐している。

わたしは発災当日当直であり、これまで経験したことのない事態に庁舎ごと崩壊するのではと瞬間的に考えていたことを記憶しています。揺れている最中、緊急地震、と各局に無線を送信し、ただちに指令回線試験、各署所の状況収集に入りました。頭のなかではついに宮城県沖地震が来たかと覚悟を決め、慌てる気持ちを抑えるように冷静になれと自身に言い聞かせていました。

これまで訓練をしてきた想定を遥かに超える状況が、警戒に出た部隊から報告されてきます。それと同時に堰を切ったように一一九番が入電し、私に呆然としている暇はありませんでした。発災後から午後七時十分に指令台の故障で入電不可となるまで、じつに百七十五件の一一九番通報があり、わたしは指令台張り付きの状態で対応にあたりました。左主席、右主席、右補助席の三席で受信し、ほぼ繋がりっ放しの状態がつづき、その間隙をぬって無線送信を行っている、まさに多忙を極めた状況だったのを覚えています。

対応に追われ忙しさで考えないようにしていましたが、入電不可となり無線対応のみの状態になってから、あらためて恐ろしさが襲ってきました。そのときは現場を見ていないので、どこか非現実的で、状況を受け止め切れていませんでしたが、家族、親族、友人等の安否が心配で仕方ありませんでした。幸い、地震後まもなく家族は無事だと妻からメールを受けていたので、その知らせだけで不安を抑えていた状態でした。

個人的には、今回の地震において未熟さを痛感しました。指令課機器の故障が相次ぎ、その代替措置および対応について、先輩の指示で動きましたが、仮に先輩がいなかったらできていなかった。機器に対する理解度が不足していました。また、課内で意見のぶつかりあいもあり、疲労していた状態とはいえ、まだまだ知識的にも精神的にも未熟であったと思います。

わたしは現場で消火活動、救助活動にあたっていません。ですから、地獄絵図のような現場も目の当たりにしていませんし、夜を徹しての活動など肉体的限界と言える現場も経験していません。ただ、十一日の一一九番通報において、津波襲来後に逃げ遅れた住民からの通報は今も脳裏に焼き付いています。「助けてください」と要請されているのに今そちらには向かえないと応じざるを得ず、「どうしたらいいですか」の問いに自分の身の安全を最優先にして待っていてくださいとしか言えなかった。なかには「逃げられないのに救助に来られないなんて、死ねっていうんですか」と取り乱した人もいました。このような極限状態にあって、天災を恨み、人の力の無力感に打ちひしがれる、そんな思いでした。(「消防活動の記録」)

消防自動車も救急車も足りないし、道路は浸水とがれきで行く手を阻まれている。防火水槽はがれきの下で使用不能であり、消火栓は水道が断水しているので使えない。海からの消火活動もできなかった。高速消防救急艇は整備のため造船所に係留されていたが津波で流出後、火の海のなかで炎上した。

地上からの救助が困難をきわめている状況のなかで、ヘリコプターがあれば助けられる、と千葉章一消防長は、午後四時三十分に宮城県庁に問い合わせた。救助もそうだが、通信がままならないなかで被災の全体状況をつかむには鳥のように空から俯瞰した画像がほしい。防災ヘリにはテレビ伝送装置が据え付けられている。しかし、被災しているのは三陸海岸全域であり気仙沼エリアだけではない。しかも宮城県が所有している防災ヘリは一機しかなかった。

地震発生時に宮城県の防災ヘリは仙台市の南方の訓練場にあり、すぐさま仙台空港に近い消防ヘリポートに戻った。拡声器を取り付け、給油をしている最中に津波に襲われ、流されてしまう。

宮城県には県所有のヘリとは別に、仙台市消防局所有のヘリが二機あった。一機は地震発生直後の三時に飛び立った。仙台空港から仙台市南部の海岸線の上空を行き来して拡声器で避難を呼びかけている。そのヘリが、海岸線の波消しブロックが沿岸と地続きになるほどの引き波を見たのは三時二十八分、海面上昇を確認したのは同四十二分、その後、津波がヘリポートに到達したのは四十九分であった。津波到達時間は気仙沼湾で三時三十分過ぎ、南三陸町で三時二十分ごろであり、到達時間にはそれぞれ差がある。仙台市の二機目のヘリも津波到達前に飛び立っているが、宮城県のヘリは間に合わなかった。

東京消防庁のヘリが一機、午後六時十分に東京西部の立川飛行場を出発している。午後八時五分に仙台市若林区にある陸上自衛隊霞目《かすみのめ》駐屯地に着陸した。仙台市の二機のヘリも着陸拠点を失い、霞目駐屯地へ着陸し給油を受けて活動をつづけた。

千葉消防長の要請したヘリは現れなかった。結局、宮城県庁との情報交換がしにくい状況であった。各都道府県や市町村の消防隊が応援にかけつける、それを緊急消防援助隊と呼ぶ。緊急消防援助隊は、宮城県庁につくられた応援活動調整本部の指揮下に入る。東京消防庁のヘリも夜九時には調整本部に入っていた。千葉消防長は、その応援活動調整本部に援助を期待するのだが、てんやわんやの状態で気仙沼から職員を派遣して直接交渉する余裕もなく、メモ帳に走り書きで「つらい。何もできない」と記すほかはなかった。十時三十分にすぐ隣の登米《とめ》市の消防本部から来た調査隊が最初の援軍であった。登米市は内陸なので津波被害を受けていない。

三陸沿岸各地はそれぞれに孤立していた。そのなかのひとつが気仙沼市であり、さらに気仙沼湾岸の市街地のなかの避難場所のひとつが中央公民館であった。

千葉消防長以下、救助する側は使命感を背負って必死である。誰がどこで救助を待っているのか、知っている者がそれぞれの持ち場でやるしかない。

21

消防団は住民の生活の場にいる。すでに登場した気仙沼市消防団の第二分団長の千葉一志の場合、中央公民館から歩いて五分ほどのところに自宅兼千葉一建設の事務所がある。脳梗塞で左脚が不自由な妻の寿子を中央公民館へ避難させ、消防団の屯所で仲間とポンプ車に乗り、ハンドマイクで避難を呼びかけていた。

津波が浸入する直前まで呼びかけをつづけたため、ポンプ車が津波に追いつかれかけて妻と長男家族がいる中央公民館を通りすぎてしまった。高台の市民会館へ向から車列が渋滞しており、一刻の猶予もならじと、車の窓を叩き、降りろ、降りろ、降りて逃げろ、車のなかにいると津波に呑まれる、ほらすぐあそこまで津波は来ている、と応答を待たずに呼びかけ、走った。避難の呼びかけのためにポンプ車を降りた。車の窓を叩いて回り、坂道を途中まで登って来たところでポンプ車が見えないことに気づいた。反対車線を逆走したとはいえ対向車もあってかわすのに手間取り、徒歩の千葉分団長たちから遅れていた。運転している消防団員に車を脱出するように言わなければ、彼も渋滞のなかにはまったままとなってしまう。千葉一志は登って来た坂を、今度は走って下った。坂の入口の道路は津波の浸入で川になってしまった。ポンプ車は見当たらない。運転していた消防団員はどうなったのだろうか。

仕方なく引き返し高台の市民会館へ辿り着いた。みぞれが降り出した。すると、ポンプ車を運転していた消防団員が坂を登って来るではないか。おお、と走り寄った。

「ポンプ車ごと呑み込まれてしまいました。流れてきた民家の鴨居につかまって車を脱出して土手に這い上がりましたよ」

ずぶ濡れだったが、近所の人が好意で服を貸してくれ着替えたという。仲間の無事がわかったら、つぎの心配が頭をもたげた。妻と娘が経営している「ヘアサロン千葉」はどうなってしまったのか。市民会館から中央公民館の方向へ少し坂を降りて、ふだん人通りが多い場所にある美容院へ向かった。妻と長男家族は中央公民館に避難させたが、娘の居場所は確認していない。美容院にいたままなら、たいへんなことになってしまう。

美容院があるはずの場所へ辿り着いた。道路が水没しているどころか、一帯は津波に流されており、街そのものが破壊されているので美容院は影も形もない。水際にたたずんで呆然としていると、美容院近くに住む顔見知りの男に出会い、ロープがないか、と懇願された。

「二階にお祖母さんを引き上げてからすぐに外へ飛び出したのだけれど、お祖母さんが生きているかわからない」

その住居は流されてはいなかったが二階が一度水没してしまったのでお祖母さんはすでに命を落としていた。千葉分団長は周辺にいた人たちに手伝ってもらい、お祖母さんの遺体を高台へ運んだ。その間も、美容院にいたはずの娘がどうなったのか気懸かりだった。

千葉分団長は千葉一建設の社長である。同じ中央公民館に近い町内に市議会議長で臼真倉庫社長の臼井真人が住んでいる。

ポンプ車の消防団員が無事だったのでほっとひと息ついている千葉分団長に、臼井議長が声をかけた。あたりは暗くなりかけていたが、銀色に黄色の蛍光ラインの入った防火服に長靴姿の小太り、千葉分団長だと遠目で気づいた。二人は防災関係の会合でも顔を合わせている。

「うちの家内と娘が中央公民館にいるんだが……」

千葉も事情は同じである。

「そうなんですよ。うちも中央公民館にいるのでいま携帯電話を鳴らしたけれど、つながらないんです」

地震の瞬間は市役所三階の会議室で予算特別委員会に出席していた臼井議長は

「散会」を合図に市役所を飛び出した。ワン・テン庁舎の駐車場から車を出して魚市場近くの自宅に向かうが、半分も行かないうちに渋滞で車が動かなくなる。津波は来るに違いないからぐずぐずしてはいられない。幸い、停まっているのは高台のふもとだ。馴染みの寿司屋の駐車場に車を停め、高台の市民会館まで走った。娘から「中央公民館にいます」とメールが送られてきたので妻と娘が無事にいることはわかっていたが、どうすることもできず、その方角を見つめるだけで時間が過ぎていく。暗くなると炎が見えた。中央公民館周辺を取り囲んでいるように見える。

「バクハツしてまわりが火の海、というメールが娘からいま届いたんだ。火に囲まれている、お父さん何とかして、と言っているんだ」

臼井議長が千葉分団長に、何とかならないか、と言ったが答えがあるわけではない。

「中央公民館が燃えないうちに助けなければ。いっしょに行きましょう、行けるところまで」

二人は川になった街区を横切ろうとしたが、すぐ腰まで水に漬かってしまう。

「だめだ。これ以上は行けない。ここから先へ行くと深みにはまって流されてしまう」

千葉分団長は首を横に振った。二人はここで別れた。臼井議長はその場から引き返し、市役所に行き、さらに菅原市長がいる防災センターへ向かった。臼井議長は妻と娘、千葉分団長は妻と長男家族がそれぞれ中央公民館にいるが、救出を断念するしかなかった。

千葉分団長の気懸かりにしていた娘は南気仙沼小学校に避難していて無事だったが、この時点ではわからないままだった。それでも消防団員の使命として一人でも多くの人を救うため、千葉分団長は動きつづけた。

暗闇を脚立とロープを手に、二人の消防団員を連れ水没エリアの水深が浅い場所を目指して捜索に出た。


電気がないのでふだんなら真っ暗なのですが、火災の照り返しがあり、その明かりを頼りに移動しました。行くと津波がかなり引けている場所もありました。幾つかのビルの屋根などに人影や懐中電灯の明かりがあり、助けを求めていました。しかし津波の水位や、距離などから助けられる順番も付けかねる状態でした。

助けを求めていた知人に声を掛けると、三階から「こっちは大丈夫だ」という返事がありました。そこでまずはすぐ近くの、七人が取り残されているビルに行きました。懐中電灯をつけて「助けてけろ」と叫んでいました。一人では歩けない足の悪いお年寄りがいたのです。

わたしたちはロープと脚立を持って行きました。水位は一メートルまで引いていました。水の中を歩き、ビルの前の道路に畳を敷いて、脚立で二階に上がり込みました。そこでまず二人を下に降ろしたところ、丘の上から見ていた消防署員が「分団長、また津波来ました。戻れ」とマイクで叫んでいるのです。仕方なく救助を諦め、その二人とわたしたち団員三人もそのビルの三階に上がりました。新たな津波から避難するためにそのビルに残ったのですが、同時に火災が迫っている最中でしたので、この判断はかなり危険だったといまでは思います。しかし救助に行った消防団員だけが逃げて帰るわけにもいきません。屋上で火事の様子を眺めていました。いざ火が燃え移ってきたら、お年寄りをおぶい、たとえ、全身ずぶ濡れで、歩けるかどうかわからなくとも、丘まで何とか避難すると心に決めていました。

しかし午後十一時過ぎ、風向きが変わりました。いままでの東風が西風になり、がれきについた火は、内湾から外海へと流れて行きました。そこで「風向きが変わったのでもう少し様子をみましょう。万が一の場合はどのようにしても皆さんを助けますから」と家族に伝えました。すると家族もいくらか安心したようで、落ち着きを取り戻しました。

結局、千葉分団長と二人の消防団員はびしょ濡れのままそこで一晩を明かすことになったのである。

中央公民館に家族が逃げ込んでいる、という事情は臼井議長や千葉分団長だけではなかった。

中央公民館は魚市場のある気仙沼湾から三百メートルほどの距離であった。津波の濁流は中央公民館を二階まで水没させてさらに奥へ水没域を拡大させて進んだ。中央公民館の後背地、三百メートルほど山側を流れている大川には湾口から津波が遡上して土手を越えて濁流が溢れた。中央公民館は表からも裏からも、津波に襲われて陸の孤島となったのである。

大川沿いの道路で下水工事の現場監督をしていた土建業、東新技建の軍司貴之は、危機一髪で大川を遡上する津波から逃れると、家族は助かったのだろうか、と不安にかられた。妻麻美と一景島保育所の五歳児クラスの息子が中央公民館にいることはメールでわかっている。南気仙沼小学校三年の娘については手短に「南小に寄ったけれど、校舎に避難するように指示していた。姿は見えなかったけれど」とあった。その後、携帯のバッテリーが切れかかっている麻美は詳しく説明できないでいる。

この「姿は見えなかった」が貴之の不安をあおった。なんであいまいな表現なのだろう。ほんとうに南小にいるのだろうか。娘がこの日、六時間目まで授業があるとは知らない。もしかして津波の時間から推測して、授業を終えて帰宅しているのかもしれない、まずそこを確かめたいと思った。

東新技建は事務所が一階で二階が自宅であった。自分の家がどうなっているか、とりあえず逃げた高台から行ってみることにした。自宅は大川からそれほど離れていない。がれきがつぎつぎと流れ、津波は寄せては引いている。水没している場所、そうでない場所、歩き回りながら行っては戻り、戻っては違う経路を探した。現場監督だからヘルメットに防寒の作業着、カッパ、黒い安全靴を履いている。水深がそれほどでもない場所を見つけて、近づけるかと思えば、ズボッと深みにはまってしまう。そんなことを繰り返しているうちに辺りは暗くなってきた。

懐中電灯を頼りに、自宅まであと数百メートルのはずが、足元を一歩ずつ確かめながら進路を探っているうちにただただ時間が経過して行く。自宅の向こう側さらに一キロメートルほど先にあるはずの中央公民館付近に赤い炎が上がった。黒々とした煙も立ち上っている。中央公民館が燃えているのだろうか、そのあたりの距離感がよくわからない。ようやく自宅兼事務所が見える場所に辿り着いた。一階が水没しているが流されずに「あった」と安堵した。二階に人のいる気配はない。

娘の同級生の父親とばったり出くわし、自分の娘と南気仙沼小学校に避難した妻から「皆大丈夫」というメールが届いたと知らされた。南気仙沼小は助かったということだ。「南小にいる児童は皆大丈夫」ならばよい。そこに娘がいてくれればありがたい。しかし、中央公民館も南気仙沼小も水没エリアのなかで近づくことはできない。燃え盛る炎で空は赤く照らされているが、街灯も建物も停電で一帯は真っ暗闇であった。無理してでも南小に行くか、いったん戻るか、一時間ほど考え込んだ。妻と息子、娘と別々だが翌日明るくなってから助けに行こう。それまで火事が中央公民館に燃え移らなければよいが、と祈るばかりであった。

22

南気仙沼小学校は、気仙沼湾から一キロメートルほどの距離にあった。中央公民館に較べるとかなり山側に位置している。宮城県第三次想定では津波による浸水域からは少しはずれていた。

二時四十六分に地震の揺れが襲ったとき、校長と教頭は〝ようこそ先輩〟の授業で、野球への情熱を語ってくれたゲストティーチャーの奥玉青年を玄関まで見送りに出たところだった。校長は、すぐに教頭に緊急校内放送を入れるよう指示し、教頭が放送室でマイクに向かった瞬間、停電した。職員室にいる職員が各教室を回って連絡し、校庭の真ん中に全校生徒を集めた。

三年生から六年生は六時間目の授業中であり、すぐに集められた。一年生と二年生は五時間目まで授業をしていたので教室に残っている児童もいれば下校をはじめたばかりの児童もいた。すぐに担任の先生が追いかけて学校へ戻るよう指導したので、一年生と二年生も九割は学校へ戻った。

三時頃になり、気仙沼市の防災無線から六メートルの津波襲来との情報が入ったので、教頭と相談し全員を校舎二階に避難させることにした。当校は二メートル程度と予想された宮城県沖地震であれば津波の襲来はなく体育館が第一次避難所になっていた。しかし、六メートルの津波では一階では危険との判断で校舎二階への避難を決断した。当然、災害避難用の備蓄用品は体育館に備え付けてあった。

この頃になると地区住民や幼稚園の子どもたちも続々と避難してきた。学校と合同ではないものの、南気仙沼小学校の校舎に避難する訓練は何度かしていたので混乱なく避難できていた。わたしと教頭は校庭の中央と端の方に分かれ、避難してくる人を誘導し、最後に校舎に逃げる事にした。二階のベランダで大勢の大人が我われの誘導を見守っていた。そして、三時半近くになると、津波は学校そばの堤防を乗り越えそうな勢いになってきた。ほとんどの人が校舎に入ったのでわたしも校舎に入ろうとした時、一台の車が止まり中からほとんど歩けないお爺さんが降りてきた。わたしは、お爺さんをおんぶして校舎に運ぼうとしたが、重くてなかなか歩けなかった。そのときベランダから「津波来たよ。はやく逃げて」とみんなで叫んでいた。

しかしながら、わたしより大きい体のお爺さんなのでなかなか足が進まない。同様に避難誘導していた教務主任が校舎から走ってきて、肩を貸してくれたお陰で何とか校舎に入る事ができた。その時にはすでに波は校舎内に入り、階段下まで入っていた。教頭も同様に逃げ遅れ中央校舎には入れず、別棟の東校舎に約三十名の人といっしょに避難した。

わたしが避難した中央校舎には、児童三百五十名、地区住民百二十名、幼児八十名、教職員等五十名、合計約六百名が避難した。

三時三十六分頃、津波は完全に堤防を乗り越え、校庭に入り込み車や住宅・船・ガスボンベ等ありとあらゆる物を運び校舎内に入り込んできた。教職員を始めとして避難してきた人の乗用車もすべて飲み込まれた。

児童及び幼児は二階の集会室に、地区住民等は廊下等で待機する事を指示した。何度も余震が続き子どもたちは、その都度恐怖におびえ、パニックになりそうになるのを教職員並びに大人が支えてくれていた。各教室等は地震で蛍光灯が宙づりになっている状態だったので落下する前に取り外すよう指示した。この頃になると波は上昇を続けすでに校舎一階を飲み込み二階にせまる勢いになってきた。

（中井充夫校長の手記『記録「東日本大震災」被災から前進するために』）

中央公民館は二階の天井まで浸水した。三階建ての南気仙沼小学校は、結果的に二階まで津波は届かなかった。それでも、押し寄せる津波がどの高さまで届くか、待ち受ける人びとには予想はつかない。南気仙沼小学校へ避難した住民は、屋上へ避難したいと校長に要求した。屋上へ出るには鍵のかかったドアを開ける必要がある。児童が勝手に屋上へ出ないように鍵をかけてあった。その鍵は一階に保管していた。一階が水没しているので鍵を持ち出すことはできない。職員が体当たりしたがドアは動かない。網入りガラス製の扉を蹴破り屋上への入口を確保した。屋上からは津波の動向がよく見える。津波の第二波、第三波はもっと高いかもしれない、と恐れるのだ。

南気仙沼小学校では体育館を避難施設と位置づけ、備蓄品も体育館に保管していた。屋上へ、と叫んでいた住民も当初は体育館に避難したのである。

体育館への避難では、大川から津波が遡上したら水没する可能性もある、という意見もあり、また南気仙沼小学校自体が危ない、大川の土手の高いところを歩いて高台の気仙沼小学校へ行くべきだという声もあった。

しかし、校長の判断で現在地、つまり南気仙沼小学校に留まる、という結論になった。避難施設の体育館ではなく三階建ての校舎への避難を決めた。まずは校舎の二階へ、つぎは三階へと上り、水没が一階までと確定すると二階へと下りた。ただ避難が精一杯だったので体育館にあった毛布や水など備蓄品を持ち出す時間の余裕がなく、その夜、子どもたちは水も飲めず、教室のカーテンを外して寒さをしのぐしかなかった。それでも犠牲者は出なかった。

津波の高さは、場所や地形によって大差がある。中央公民館は海から三百メートルだったが内湾なので二階天井まで水没し、一キロメートルほどの距離にあった南気仙沼小学校は一階が水没した。

太平洋に面した南三陸町では、海岸から五百メートル離れた高さ十二メートルの防災庁舎は屋上を越える津波で破壊された。一・五キロメートル離れた二階建ての消防署も水没した。気仙沼湾のような内湾では津波はひたひたと押し寄せ気づくと濁流となって襲いかかるが、南三陸町のように太平洋に直に面していると津波は一挙に壁のように立ちはだかって猛スピードで浸入する。

南三陸町の南隣、北上川が太平洋へ流れ込む河口でも、南三陸町中心部と同じように津波は怒濤となって襲った。

北上川の河口から四キロメートルも離れていた石巻市立大川小学校では、全児童百八人のうち七十四人、教員十三人のうち十人が死亡または行方不明となったことは東日本大震災の悲劇のひとつとして語られている。

南気仙沼小学校へは市内を流れる大川から津波が遡上して一階が水没したと説明した。名称が紛らわしいが、石巻市立大川小学校は気仙沼の大川とは無関係で、大規模河川の北上川流域の小学校の名称である。気仙沼市内を流れる大川の川幅は五十メートルほど、河口でも七十メートルにすぎないが、北上山地を源とする延長二百五十キロメートルの北上川は河口付近で川幅は七百メートル近い拡がりがある。したがって石巻市立大川小学校が河口から四キロメートルと距離があるように思われるが、実感としては陸側に海が入り込んだような地形と考えたらわかりやすい。

南気仙沼小学校では、体育館への避難を取りやめ、また近隣の高台の小学校へ移動するという提案も取りやめ、三階建ての本校舎へ避難する選択をした。しかし、石巻市立大川小学校では、校庭に整列した児童を教職員が引率して、二百メートルほど先の河川堤防へ向かった。この判断は誤りだった。

新北上大橋のたもとには周囲の堤防より小高くなっている三角地帯があったので、そこを避難先と考えたのである。だがその三角地帯へ着くころに遡上した津波に襲われた。

意思決定が遅かった。裏山へ逃げるという意見もあったが、方針が定まらずに、校庭を出発した時間は二時四十六分の地震発生よりかなりの時間が経過した三時三十三分か三十四分で、津波が大川小学校へ到達するのは三時三十七分であった。

「大川小学校事故検証報告書」（二〇一四年二月）によると、「大川小学校がハザードマップの予想浸水域外になっており、津波災害時の指定避難所になっているという、事前対策が関与したものと推定される」とした。自分の学校がそもそも津波浸水域と想定されておらず、指定避難所とされていれば、そこに留まっていてもよいのではないかと考えてしまう。出発が遅れたひとつの原因であろう。さらに「高さ」である。大川小学校は二階建てだった。裏山に逃げるという選択肢も考えられた。「（避難という意思決定の）時期が遅かったこと、およびその時期の避難であるにもかかわらず避難先として河川堤防に近い三角地帯を選択したこと」としながら、複合的な背景について百七十ページ近い報告書のなかでこう分析している。

「津波からの垂直避難のための避難先と、避難生活を送る避難所との区別も明確になってはいなかったものと推定される。仮にこの両者が明確に区分され、避難所指定の際に充分な検討が加えられていれば、大規模河川に近く標高の低い大川小学校や釜谷交流館（小学校隣の二階建ての公民館）はすくなくとも津波の際の垂直避難先としては不適切であることがあらかじめ認識され、津波対策としての緊急避難先が別途検討されていた可能性は否定できない」

垂直避難であれば、この場合、裏山に登るしかなかった。「緊急的に垂直避難を行う先である場所と、その後の避難生活を行う場所は、必ずしも同一とは限らない」のである。裏山に水や食糧、毛布などの備蓄品があるわけではないが、そこで避難生活をするわけではないとすれば、緊急に津波から逃げる垂直避難の選択肢であったはずだ。

震災前に作成されていた「石巻市地域防災計画」では、避難勧告が出された場合には「計画された避難場所等へ避難行動を開始する」としていた。「計画」には「避難所一覧」の表があり「大川小学校」もそのなかに見つけられる。「避難所」についてては「安全性が確認され、かつ、避難者を一時的に受け入れ、保護し、避難者の生活機能を確保することができる、市が指定・運営する施設であること」が指定避難場所の施設基準であった。裏山は施設ではないのだ。上記に「計画された避難場所」とあるが、「避難場所」と「避難所」の違いは概念として整理されていない。

報告書では「避難所と避難場所」について混同しがちな行政の区分を整理するよう求めている。緊急時にひとまず身の安全を守るための緊急避難場所と、被災後に応急的な避難生活をする収容避難所とは似て非なる概念なのである。本来ならば大川小学校は収容避難所であって緊急避難場所ではなかったことになる。だが、その区分は明確ではなかった。

「地震や津波に対する緊急避難場所を、その安全性を考慮して慎重に検討していれば、大川小学校は収容避難所にはなり得たとしても、緊急避難場所として指定されなかったものと思われる。そして、津波に対する緊急避難場所として、より高い場所を屋外であっても指定していれば、大川小学校も初期段階でその緊急避難場所を目指して行動を開始したと考えられ、結果論ではあるが行政における緊急時の避難場所の指定に問題があったと言わざるをえない」（同報告書）

南気仙沼小学校も宮城県沖地震津波の想定シミュレーションでは、浸水域の外側であったことには触れた。だが「津波予想高六メートル」との情報を受けて、体育館ではなく、また別の避難場所への移動でもなく、ただちに三階建ての校舎の二階へ上った。さらに三階にも上った。屋上への通路も確保した。石巻市立大川小学校も、予想浸水域の外側でありながら二階建ての校舎は水没している。津波はより巨大であり、「より高い場所を屋外であっても指定していれば」という事前の対策もない状況で、現場での瞬間、瞬間の判断はより困難であったということだろう。ただしそうであっても、石巻市の広報車が高台避難を呼びかけながら三時二十五分に大川小学校がある釜谷地区を通り過ぎているので、垂直避難、すなわち裏山へ避難するという独自の判断はできたはずであった。

第五章　命の箱船

23

津波により道路が寸断され、火のついたがれきが漂い、誰がどこへ逃げているか、連絡が取れないということも震災の大きな特徴である。家族も、子どもが通学・通園していたり、勤務先も共働きで違っていたり、互いの状況がわからないことも、緊急避難にはつきまとう厳しさ、辛さだ。

中央公民館は濁流のなかで持ちこたえているが、火のついたがれきが燃え移る危険も迫っていた。停電で夜は漆黒の闇でありながら、気仙沼湾一帯は、市街地と湾岸が火炎で赤く照らしだされている。

停電で固定電話は通じない。安否情報は携帯電話のメールに頼るしかない。すでに記したが携帯電話の基地局は、バックアップ電源が機能していたが気仙沼周辺は夜十時三十七分にダウンした。基地局の状況も場所によって二時間しか持たないところもあれば、二十数時間後まで通じたところもあった。それまで個々人は、それぞれの携帯電話で連絡を取り合っていた。だが携帯電話の通信は回線のパンクを防ぐため規制をかけられたので通じにくかった（後日、調査によると被災地への発信は通常の六十倍もあった）。メールを送ったりネットに接続できるパケット通信は処理できる量が電話より大きい。だからメールは基地局がダウンするまでは発信できた。

情報は命綱である。

マザーズホーム園長の内海直子は家族に頻繁にメールを打った。ロンドンの息子から「せめてメールで安否だけでも教えてください」と最初に受信したのは津波が浸入する十分ほど前の三時二十分ごろだった。

ロンドンの息子が心配している、と初めて知った。すでに地震発生直後に、気仙沼市内に住む家族とメールのやりとりをしていた。自分の夫仁一と、たまたま身重で里帰りしている娘の薫も無事であることがわかっていた。内海家の住居は中央公民館からそれほど離れてはいない。市街地に近い高台だが、さすがにそこまで津波は届かないことは中央公民館にいる内海直子にも容易に理解できるのだ。しかし、家族側にはマザーズホームが水没したままで、自分がどこへ避難したか、知らせていない。中央公民館に避難して無事であることを伝えていない。

内海直子が「公民館にいます」と、あらためて夫仁一にメールで伝えたのは三時二十五分である。「こんなところにいたらダメだ」という奥玉青年の大声が響き、大津波から逃げるために二階から三階へ、小さな園児たちを巻き込んでの大移動が終わった時間であった。三階といっても一部三階建ての三階であり、室内は二階の四分の一の広さもない狭い場所である。階段を昇ったところに六畳ほどの和室がありその奥が調理実習室である。乳幼児は和室、調理実習室には年長組の園児と保育士が入った。内海園長は一景島保育所の乳児を背負って逃げた。三階の和室で立ったままおんぶしていた。保育士が、もういいですよ、と背中の乳児を抱えて引き取ってくれた。そこでひと息つき、携帯を取り出し、自分がどこにいるかを伝えたのである。その直後、三時三十分過ぎに中央公民館に第一波が濁流となって押し寄せた。

九十歳の老母と外国航路の船乗りだった夫の仁一と身重の薫は、被災を免れた自宅が余震で倒壊する恐れを感じ、庭から道路への出口に置いた軽ワゴン車のなかにいた。家屋は停電で暗く暖房も切れている。車はエンジンをかければ暖房が効くし、カーラジオで刻々と報じられる被災情報を得ることができる。しかし、すぐ近くの中央公民館がどうなっているのか、ラジオのニュースが教えてくれるわけではない。

黒い津波が工場や住宅をなぎ倒して大量のがれきを運びながら押し寄せると、水位はたちまち高くなり、中央公民館は二階天井まで水没してしまった。避難者は、二階屋上と三階の室内に避難したけれど、ここでよいのか、と戸惑っていた。第二波は二階屋上を越える可能性があった。そうなれば三階の室内も危ない。「もっと高いところ」を目指して、三階屋上やホールの斜め屋根へと避難の方向が定まりかけていた。

体格のよい男性を中心に、一景島保育所の園児たちを三階の室内から二階屋上へ出し、すでに記したおんぶ作戦で、三階屋上へ鉄梯子に登りながら運ぼうとしていた。

　その脇で内海直子は、娘薫に「生きている」とメールした。四時十分だった。まだ第二波は来ていない。おんぶ作戦が進んでいるがみな恐怖と寒さで震えている。自分は生きている、たまたま生きているにすぎない。周りで起きていることがまだ信じられない、受け入れられない。臨月の娘は無事でいるようだが、あまりの出来事に耐えきれるだろうか。ストレスがいきなり陣痛となるかもしれない。

「生きている」と打った二分後、「すごい　三階にいる　また津波来るといっている、まだ大丈夫。寒気。まだ産むなよ」と付け加えた。

　軽ワゴン車のなかでメールを受け取った娘は、極限状況にいる母親からのメールを父親の仁一に見せた。身重の薫には母親の危機とは別にもうひとつのストレスがあった。薫の夫、小笠原森路《しんじ》は陸前高田市で自動車学校の教官をしている。陸前高田市はあの〝奇跡の一本松〟で知られる被災地である。七万本の松原が津波で流され、わずかに残った松の木も塩水に洗われ枯死した。ちなみに宮城県気仙沼市の南隣は南三陸町、北隣が岩手県陸前高田市である。

　陸前高田市は海岸沿いに松原が広がり、広い平地に市街が延びていた。大津波は一気に山裾まで達して、市役所庁舎を含む中心部が壊滅、全世帯の七割以上が被災した。夫の森路は地震発生の時間帯は、シフト上、路上教習ではなく高台の自動車学校内にいるはずであったが、連絡は取れていない。情報がない臨月の薫は、ストレスにより陣痛が始まる可能性があった。

二階屋上から三階屋上へ、すでに記したおんぶ作戦がはじまっていた。第二波に備えて少しでも高い場所へ移動しなければいけないのだ。頑強なタイプの男性を中心に、一景島保育所の園児たち一人一人をおんぶしては鉄梯子を登る、その繰り返しがおんぶ作戦だった。園児たちが登り終わるころ、辺りは暗くなりはじめている。子どものつぎは大人の女性の番である。

六十歳近い内海直子にとって垂直の鉄梯子に登るのは思った以上にきつい体力勝負であった。男性陣が下から押し上げ、「あと三段、あと二段……」と手提げ袋を肩にかけながら登った。「あと一段、もう少し……」というところで上にいる男性陣が引っ張り上げてくれた。

内海直子が、重油の燃える臭いが充満した中央公民館の三階屋上で水に濡らしたハンカチを口にあてながら「火の海　ダメかも　がんばる」と夫の仁一にメールを打ったのは午後六時だった。指先が寒さで震え、携帯電話の文字盤から単語を拾うのが精一杯なのである。

内海家は高台のため自宅から二百メートルの距離までは海水が浸入したが被災は

していない。仁一は自宅前の軽ワゴン車に娘を残して徒歩で中央公民館へ向かおうとしていたところだった。

「火の海　ダメかも」と打つ少し前の五時四十五分に「公民館の屋上　周りは海　子どもたちの世話　岸壁は火事　寒い　大丈夫です」とも打っている。だから夫の励ました。仁一はだいたいの様子はつかんでいた。六時二分に「あきらめないでがんばれ」と森のなかの秋葉神社に決めた。中央公民館が見える場所はどこかと考え、気仙沼湾が眺望できる小高い森のなかの秋葉神社に決めた。六時十五分に「了解しました」と直子が打ち返している。石段を駆け登った。

中央公民館はほんとうに火の海のなかで孤立している。炎の照り返しのなか、屋上に避難者の人影がかすかに見えた。

六時十八分、「秋葉神社で無事を祈ってます。がんばれ」

六時十九分、「了解しました」

ほんのわずかな距離、声は届けられないが、メールによる万感の意思疎通であった。

仁一はメールを打つと秋葉神社の祠《ほこら》の前で、救ってください、と手を合わせた。

それから石段の下へ戻り、もっと接近できる場所はないか、救いに行ける道筋はないかと夜道を懐中電灯ひとつを頼りに歩きはじめた。中央公民館の周辺ではあちらこちらから火の手が上がり、ガスボンベが破裂する音が鳴り響いていた。「了解」

という返事を受け取ってからは、一メートルでも近づきたいと道を探しながら大川右岸の水際まで迫った。あと三百メートルと少しだ。だがそれが接近の限界だった。目と鼻の先に妻が避難していても、濠に囲まれた城は無限に遠い世界なのだと悔し涙で救出を断念するほかはなかったのである。

六十一歳の内海仁一は、一年前まで大手スーパー、イオンの気仙沼店の電気保守メンテナンスの仕事をしていた。秋葉神社から中央公民館へ向かっているとき、三階建てのイオンの一階部分が水没しているのが見えた。一階と二階が店舗で三階屋上が駐車場である。

最後の勤務先となるイオンの気仙沼店で仕事をするまでには長い道程があった。もともと気仙沼水産高校から船会社に入った。高校時代、仲間と自転車で日本一周の放浪旅行をしたり、見知らぬ世界へ行くことが楽しかった。気仙沼には、船乗りや漁師が多いから、世界各地の見聞がごく日常の会話のなかに自然に入り込んでくる。

水産高校には機関科、漁業科、製造科、通信科があった。機関科を卒業して昭和海運に入社した。求人は引く手あまたであった。船員の給料は他業種に較べてよかった。日本は高度経済成長の時代、貿易立国の掛け声のなか原料・燃料の輸入や製品の輸出は量的にも質的にも急速に膨張していたのである。

最初に乗ったのは五万トンのタンカーだった。気仙沼の漁船とは較べ物にならない、とその巨大さに驚いた。やがて三十万トンタンカーやコンテナ船が登場するころには日本の海運業界は厳しい競争にさらされるのだが、四十年前は、成長、成長、また成長だった。鉄鋼船、自動車船、LPG（液化石油ガス）船、LNG（液化天然ガス）船、チップ専用船と貨物船の数も種類も増えていった。海運会社は、日本の経済成長とともに上り坂の先頭を走っていた。

しかし、船乗りになってはみたものの仕事は見習いの操機員で、ワイパーと呼ばれた。見習い船員は専門的な仕事には手出しできない。兵庫県芦屋市の海技大学校の通信教育を受ければ機関士の資格が取れるとわかった。甲種二等機関士科で四年間の通信課程を修了して資格試験を受け合格しないと正式な機関士にはなれない。仕事の合間に勉強をつづけ、一発で合格した。二等機関士だけではなく機関長の資格も得られた。

海運会社に就職すると、海上の生活のほうが長くなる。船乗りになり、釜山、香港、シンガポール、ペルシャ湾と長い航海が増えていった。一年のうち陸にいるのはせいぜい三カ月ぐらいである。めったに帰郷しない。

二十八歳のとき休暇で帰郷すると縁談が待っていた。直子の親戚筋から人を介して持ち込まれた話だった。大学で福祉を専攻した直子は卒業してからずっと児童養護施設や障害者施設に勤務していた。直子の実家は千厩《せんまや》町というところで奥州平泉の藤原氏が千棟の厩舎《きゅうしゃ》を建てたことが地名の由来である。平成の大合併で一関市に組み入れられた。気仙沼市に隣接するぐらい近いが内陸であった。気仙沼からは漁師、船員を連想するが、稼業を陸に由来する者と海に由来する者とが混在しているのだ。直子の母親が「船乗りは船が沈没することがあるので、どうかねえ」と当初は乗り気ではなかった。小さな漁船と違って五万トンのタンカーが沈没するわけがないのだが、船にはリスクがある、と信じていた。

話を秋葉神社へ戻そう。いま眼の前で、中央公民館が沈没しかけている。仁一は必死で救助の方法を考えつづけた。長靴を履いている。とにかく、より近くまで行かないことには救助の可能性も見えないのだ。

秋葉神社から尾根伝いに大回りして、暗闇のなか泥に足を取られながら大川にかかる曙橋の北西の高台に辿り着いた。中央公民館は、二百メートルの距離である。そこからは一歩も近づけない。火勢は収まる気配がない。しばらく呆然と中央公民館を眺めて立ち尽くした。何もできない。その場を去る気にもなれない。身重の娘薫が車のなかで待っている、心配かけてはいけないと思い、踵《きびす》を返して自宅へ向かった。

車のなかで「火の海　ダメかも」のメールを娘薫に見せ、ロンドンにいる長男と、千葉にいる次男に「メールでお母さんの状況を伝えてほしい」と頼んだ。自分の眼と耳で確かめるまでは、中途半端な情報は発信しないつもりだったのである。遠く離れていればいるほど過度の心配をしてしまう、そういう配慮からであった。

24

ロンドン在住の長男直仁は、三時二十分に「せめてメールで安否だけでも教えてください」と、父親の仁一、母親の直子、千葉に住む弟の信仁にメールを打ったが、「みんな無事です」と返信してきたのは里帰りしている妹の薫だけだった。母親直子が中央公民館に避難しているという具体的な情報は伝えられていなかった。

直仁は外国にいてもできることは何か、少しでも役に立ちたい、そのためにはどうするか。メールという回路を通して、考えられることを考え尽くしてその思考の成果をメッセージとして送りつづけることだと思った。それしか方法はないからだった。

妹はメールに慣れている。妹にメールを打てば、そばにいる父親の仁一にも伝わるだろうと思った。

三時三十九分に「インターネット上は宮城県沖津波六〜十メートルという予報があります」とメールした。自分が得られる情報は断片的でしかない。気仙沼に特化した情報はない。三時四十二分に「その後、津波は大丈夫ですか」と打った。大津波が沿岸を襲っているという情報はインターネットでわかっている。無事といっても、どう無事なのか、わからない。どの辺りがやられて、どこにいると無事なのか、そういう基本的なことがまったくわからないから心配はつのるばかりであった。すると「エースポートが壊滅状態　フェリーが流された　母は先ほど連絡来たので避難していると思う」と妹から返信がきた。エースポートとは、市役所に近い内湾のフェリーの船着き場である。避難しているってどこにだろう。そもそも被害状況がまったくわからない。エースポートのフェリーが流されたと報じられているなら、もっと別の情報もあるはずだ。

パソコンのなかで関連情報を検索してみた。東日本大震災の規模や、拡がりはわかるのだが細かい各地の状況ははっきりしない。地元にいるとしても妹はどこでフェリーが流されたと知ったのか。自宅の位置からエースポートは見えない。情報源がわかれば、検索できるはずだ。三時五十一分に「それって何からの情報ですか。TVとかラジオかな」とメールすると、すぐ「携帯電話のワンセグで見た」と返ってきた。テレビは停電しているから見ることはできない。なるほど、携帯電話では「ワンセグ」というテレビの受信の方法がある。だが電波は国内だけでロンドンでは映らない。

広島県の中学生がNHKの中継の画面にスマートフォンをかざして撮影、そのまま無断で動画投稿サイト「ユーストリーム」に配信をはじめた。最初の揺れから十七分後、三時三分だった。無許可でテレビ放送の配信がなされた場合、動画配信事業者が見つけしだい遮断することになっている。NHKの震災情報はワンセグでしか見られないが、インターネットを介してユーストリーム上に中継された映像は国内だけでなく海外でも見ることはできる。被災地では停電してテレビが映らないエリアが多かったので「ユーストリームで地震のニュースが見られる」という情報はツイッターで拡散され、拡がりはじめていた。

動画配信事業者としてのユーストリーム側は違法配信であることにすぐに気づいたが、停電でテレビを見られぬ人たちには貴重な情報源ではないか、と遮断について迷った。迷った末に、NHKから要請があった場合に停止する、と決めた。黙認していたNHKは午後六時過ぎに無断配信についてユーストリーム側へ、正式に中継の継続を許諾した。さらにNHKは午後九時三十分からユーストリームでの同時配信を開始している。

しかし、まだ午後四時前後の段階では、ロンドンへ届く情報は限られていた。ロンドンで家族の無事を祈る直仁にとっては、あまりにも情報が少ない、少なすぎるのだ。すぐ近くにいる父親の仁一さえ、一点に集中した情報がないからこそ自分で直接確かめるしかなく、懐中電灯を手に泥のなかを進めるだけ進んで中央公民館へ近づこうとしていたのである。

三時五十九分、妹に訊きたいことはいっぱいあった。

「その後お母さんから連絡はきましたか。しんじ（森路）さんからは。他に連絡手段なく心配してます」

すぐに返信はきた。

「お母さんから連絡ありません」

その後、すでに記したが四時十分に「生きている」、四時十二分に「三階にいる」と直子から薫に連絡が入ったが、この時点の直仁への返信では母親直子が中央公民館にいるとは書いていない。直仁の不安は深まるばかりだった。そこで妹の薫だけでなく、父親仁一、母親直子、千葉市にいる弟信仁と四人に宛てメールを送った。四時二十七分である。

「大丈夫ですか。道路が割れて砂があふれる液状化現象が出たら、近づかないこと。はまったら抜け出せないとのことです。水の確保のため、風呂に水を張る、とのこと。バケツなんかも使って。この規模だと、五割程度の規模の余震が二十四時間以内に二十回くらいつづくらしいので、引きつづき食料と水、燃料と充電の確保を。停電したらブレーカーは落とすように、とのこと」

直仁は気仙沼の市街地が危険にさらされていても完全に水没してしまっているとは思っていない。妹薫は、直子の状況を説明していなかったことに気づいた。直子からの「三階にいる」は自分だけに送信されたメールだったからだ。一分後、四時二十八分、返信した。

「母より公民館の三階にいて無事とのこと」

薫のメールに気づいたのは四時四十五分である。

「よかったです。何か変わりがあり次第教えて下さい」

さらに四時四十八分に気仙沼の水没状況を訊ねている。

「気仙沼はどの辺まで水が来てるのだろう。母がいる公民館は水びたしなのだろうか」

それを確かめに父親仁一は秋葉神社へ向かうことになる。だからしばらく直仁への返信はない。返信がないまま直仁は、自分にできることは思いつく限りのアドバイスをすることだけだ、とメールを打ちつづけた。

「視界の確保　非常時、もしメガネやコンタクトをなくしてしまって何も見えなくなったら、テレホンカードのようなものに穴を開けて、そこから覗くようにすると、ある程度見えるようになるようです。視界が狭まるので、状況確認には立ち止まって裸眼で。進むときにはその小さな穴から視界を確保しながら、とのことです」

「避難の際は現金　身分証明書と保険証　通帳と印鑑　一人飲料水一日三リットル　缶詰等の非常食　携帯電話と充電器　家族の写真（はぐれたときの確認用）　ホイッスルなどの笛を用意とのこと」

「その後どうですか。阪神大震災では、初めの余震から三時間後に、一番強い揺れがあったとのこと。気を緩めずに、タオルや軍手、防寒着、毛布、水、食料の確保を」

六時近くまで、こうしたメールを直仁はロンドンから送りつづけるが、中央公民館の周辺が火の海という状況は知らない。

仁一が秋葉神社へ行き、さらに中央公民館に接近して帰宅するのは六時三十分ごろである。

六時四十七分に「母から連絡はありましたか。水はどこまで　寒さ対策は」と直仁は薫に訊ねている。すぐに「母は公民館にいる　周りは水びたしで　火事もあり大変みたい。今のところ何とか大丈夫なよう。しんじ（森路）心配」と返信がきた。

仁一から薫へ状況説明があったからである。直子からの「火の海　ダメかも」のメールもこのときに初めて見せられた。薫には、陸前高田市で自動車学校の教官をしている夫森路からまだ何の連絡もない。これから誕生する赤ちゃんのお父さんが生きているのかわからない、臨月の母体にはきついストレスを与えている。

直仁は心配で六時五十九分に「しんじさんと連絡ついたのだろうか」と、七時三十九分に「その後どうですか　母は　ばあちゃんは　しんじさんは」とメールを打った。

ロンドンから直仁は少年時代の記憶をたぐり寄せてみた。母親直子が逃げ込んでいる中央公民館のイメージを脳裏に思い浮かべてみるのである。

父親は船乗りで不在が多かった。母親直子は児童養護施設で働いていた。直仁が生まれてからも共働きをつづけた。弟の信仁が生まれてから、三年間だけ専業主婦として家にいた。三人目の子どもである妹の薫が生まれると、三十五歳で再就職した。再就職先は社会福祉協議会で知的障害者の施設だった。そこで十年間働いて南気仙沼のマザーズホームへ移った。直仁が十八歳でロンドンへ渡航したのと同じ一九九八年である。

25

中央公民館は、母親の勤め先のすぐ近くだった。一九八三年(昭和五十八年)に建築された中央公民館は、周辺ではいちばん大きい、新しい建物だった。二階建てのように見えるが片側にホールの屋根があり別の側に三階部分がある変わった目立つ建物、そういう特徴はおぼろげながら憶えている。

十八歳でロンドンへ行くつもりになったのは、父親仁一の影響もあった。船乗りの仁一から、帰国するぞ、と連絡があると、家族で横浜港や神戸港まで会いに行った。正確には帰国でなく、寄港であった。積み荷を下ろし、新しい荷物を載せると、再び出航するのである。その間に数日の休暇があり、ホテルでともに過ごすのだ。

いっしょに食事をしていると、サンフランシスコやロサンゼルス、シドニー、ロンドンなど海外の都市の名前が飛び交うのである。

しかし、仁一が機関士の資格をとったころには破竹の勢いで成長していた日本海運業界もグローバル化の荒波のなか水没せんばかりの厳しい局面を迎えていた。

原料を輸入し、製造・加工して輸出する。これが資源の少ない日本国の高度成長経済の基本形であった。大量消費社会の到来と技術革新により、自動車、電気・機械、鉄鋼、化学などの産業が発展すると、原材料の輸入は急増した。途上国から低いコストで資源や石油を輸入し、最新の設備投資により効率を上げ、かつ高品質の生産体制をつくりあげ、それを途上国へ、また先進国へ輸出する。その循環を拡大再生産することで加工貿易立国として、世界第二位の経済大国へと突き進んだのである。そのひとつの主役が海運業であった。

海運業は船舶を用いて旅客または貨物を海上輸送するサービスを提供して収益を得る事業である。海運業には「内航海運」と「外航海運」とがある。「国内の港」と「国内の港」を結ぶ内航海運業は中小零細企業が少なくない。「国内の港」と「海外の港」、あるいは「海外の港」と「海外の港」を結ぶ外航海運業は、運ぶ貨物量も、それを積載する船も、船を支配する企業も大規模であり、国際間の激しいコスト競争にさらされてきた。

日本の海運業はそれなりの歴史、近代化の段階を踏んでいる。富国強兵を打ち出した明治政府は海運業や造船業を支援、日清・日露戦争を経て、日本の商船の船舶数も増え、航路も拡がった。第一次大戦では日本の輸出市場も展開し日本の港から海外の港への航路だけでなく、海外と海外を結ぶ航路を開設して英米に次ぐ世界第三位の海運国になっている。

第二次大戦で日本の商船には軍事目的も担わされていたこともあり、外航海運は戦艦の運命同様にほぼ壊滅的状態に陥ったが、苦難を乗り越えて高度経済成長とともに復活するのである。

だが高度経済成長により大きな課題にぶつかった。

「海運企業は国籍に関係なく世界中で船舶を運航することが可能であるため、運賃価格の決定においては世界単一の市場メカニズムが機能することとなる。……製造業が関税等により国の保護下に置かれた昭和三十年代～四十年代において、既に世界単一のマーケットとなっていた海運マーケットで、わが国の海運企業は世界の名だたる海運企業と激しい競争をしていた」（新日本有限責任監査法人編『業種別会計シリーズ　海運業』）

高賃金と円高が収益の減少と費用の増加をもたらした。いまでこそTPP交渉など経済のグローバル化が新聞紙面を賑わせているが、海運業はそもそもがグローバルであり、構造的に徹底した価格競争にさらされてきたのである。

円高がいっそう進行した一九八〇年代、日本の海運業は運航コスト削減のため新たな選択を迫られていた。「便宜置籍船」である。日本の海運企業の支配下にありながら便宜的に非日本の国籍とした船舶である。

「コスト削減を急務とする海運企業各社は便宜置籍船を活用することにより、高コストとなった日本人船員の配乗割合を減少させ、外国人船員を増やすとともに、便宜置籍会社をパナマやリベリアといったタックスヘイブン諸国に設立することによって、登記費用や固定資産税といった諸税金の負担を抑えられるようになった」(同書)

日本の海運企業が便宜置籍船へのシフトをさらに進めたのは一九八五年のプラザ合意で円高が急速に進行してからであった。

その後、六大海運会社と呼ばれた日本郵船、商船三井、川崎汽船、ジャパンライン、山下新日本汽船、昭和海運は合併・吸収の末に上位三社に統合される。内海仁一が機関士として勤務していた昭和海運は日本郵船に吸収された。

内海仁一は日本人船員に対する包囲網が狭まっていることを勤務中に感じていた。機関士としていずれ機関長に、と将来を夢見ていたが、会社側から航海士の資格を取るよう指示された。外国人船員が増えはじめて機関士だけでなく航海士まで、日本人船員が減ったぶん何でもできる、つぶしがきく人材になれ、であった。

八〇年代後半、仁一は海技大学校で三ヵ月の講習を受け猛勉強して二等航海士の免許を取ったが、日本人船員の比率は減るいっぽうで、昭和海運の収益も厳しく先行きが見えない。希望退職に応じたほうがベターと判断した。四十二歳、まだ先は長い。

直仁は小学生だった。気仙沼から眺める海は、世界へつながっている。そういう意識は父親の職業を通しても染み込んだ。外国航路の船員だったころも帰郷する度、旅をしてみなさい、と直仁は提案された。見知らぬ土地で、知らない人が思った以上に親切にしてくれることがある、さまざまな偶然の出会いがある、と父親は自分の体験を踏まえて言った。四年生のときに時刻表を与えられた。気仙沼から鉄道に乗って仙台までひとり旅をした。六年生になると乗り換えを幾つもして新潟まで行った。父親は教訓を言った。

「旅先で困ったら、ただその辺の人ではなく、きちんと制服を着た人に訊ねるのがポイントだね」

制服を着た人なら信用できる目安になる。駅員、警察官、消防署員、郵便局員など、電力会社の人、ガス会社の人……、確かなプロフェッショナルな知識にもとづいた忠告や提案をしてくれるだろう。

船乗りをやめ、陸に上がった仁一は、つぎの生活手段を考えないといけない。機関士の資格も航海士の資格も、海上ではものをいうが陸上では何の役にも立たない。獲得した技術力や知識は無駄ではないが、国家資格は四角四面、融通がきかないのである。希望退職の条件として退職金の割り増し以外に、電気主任技術者の資格を取るために一年間、職業訓練校へ通う費用が提供された。

電気主任技術者の国家資格は、大学の電気工学科卒業レベルが一種、高専卒業レベルが二種、工業高校卒業レベルが三種である。こうした単位認定のコースを通過していない場合は、職業訓練校などの専門学校で受験の準備をして筆記試験を受けなければならない。三種でも一割ほどの合格率なのでかなり難関であった。電気主任技術者三種の資格が得られると電気保安協会への就職がしやすい。

東京電力なら関東電気保安協会、東北電力なら東北電気保安協会、と各電力会社の管内にそれに対応した電気保安協会がある。工場や学校や大型店舗などの受電設備での点検業務は電気主任技術者の資格を有する者があたることになっている。業務用の高圧の電気設備には定期的な点検が義務づけられており、大きな会社では自前で電気主任技術者を雇用しているが、中小企業などでは電気保安協会に委託する場合が多い。

東北電気保安協会は、東北電力管内に五十五ヵ所の事業所がある。製氷工場や水産加工工場がある気仙沼にも電気保安協会の事業所があった。

陸に上がった仁一は、こうして機関士の経験を生かして電気技術の専門職の仕事を得たのである。電気保安協会に十年ほど勤めてから、電気主任技術者としてイオンの気仙沼店へ移った。

息子の直仁は、地元の気仙沼高校へ進学せず、一関工業高等専門学校の電気科に入学した。直仁のなかで進路に迷いがあった。父親の仕事のひとつは外航航路でほとんどの時間を海外で過ごしていた仕事のイメージ、もうひとつは地元で電気保安協会に勤め定時に帰宅、それまで留守がちであったぶんを一挙に取り戻すかのような一家団欒の家庭のイメージ、その二つである。高専電気科を卒業すれば、電気保安協会に就職することもできる。

一関高専は、気仙沼の自宅からJR大船渡線を利用すると一時間三十分ぐらいかかる。通えないこともなかったが、親元から離れてみたいと思いキャンパスのなかにある寮に入った。

五年制の高専のうち三年までの課程を終えたところで、突然、ロンドンへ行こう、と決めた。電気科は理系であり、何か自分の特性とは違う、もっと別の世界があるのではないか、と考えた。五年制の高専は企業の採用上の扱いは短大卒業並みでありながら、即戦力として就職率はよかった。だが体育の授業の時間にゴルフのカリキュラムもあり、それが直仁にはサラリーマン養成所のように思われ、このまま人生のコースが固定化されてよいものなのかどうか、疑問を感じていた。その疑問については両親に言わず、英語の勉強をするために一年休学すると説明した。そのまま、一年で帰らず、いまに至っている。

東日本大震災で家族が住む気仙沼は大津波と火災に襲われている。父親仁一と身重の妹薫は無事だが、中央公民館へ緊急避難した母親直子には、津波につづいて火災による危機が迫っていた。

気仙沼の家族からのメールが途絶えた。インターネットで気仙沼の状況を検索したが、中央公民館については見当たらない。

NHKの地上波での中継映像がそのままインターネットのユーストリームで流されるようになった。陸上自衛隊のヘリコプターが上空から撮影した映像が映った。気仙沼が火の海につつまれている映像である。

画面を見ながら直仁は、あまりにも激しく燃える炎に最悪の事態を覚悟した。いつも母親は、障害のある弱い立場の人を少しでも助けたい、とずっと福祉施設で働いてきたのに、どうしてこんな運命に。そう思うと涙が止まらない。小さかった我が子を差し置いても、施設の子どもたちに添い寝をしてあげていた。それに不満がなかったわけではない、もっとかわいがってほしいと思ったことがよくあった。

だが、いま炎のなかで両手を拡げて障害のある子どもたちをかばっている母の姿を想像すると、そんなに欲張ってたくさんのお母さんを演じなくてもよいではないか、聞こえるならそう叫びたい、泣けて泣けて仕方がない。涙は滂沱《ぼうだ》のごとく溢れた。こんなに泣いたことは初めてだった。

直仁は、中央公民館に四百四十六人もの人が避難していることはまったく知らない。母親といっしょに避難しているとしたら、マザーズホームの職員と施設に通っている障害児である。

ユーストリームに映された空撮の中継映像を見つめながら、できることはもうないのかと考えた。一千メートルほどの高さから撮影された火災の映像には、中心と周辺の境目、炎に焼き尽くされている場所とそうでない場所の輪郭がぼんやりとわかる。しかし、中央公民館の場所がその火災の境界のどのあたりかは、画面だけではわからない。

家族からのメールも届かない。こちらから打っても返信がない状態になってしまった。中央公民館に、自分の母親と施設の子どもがいることを知っているのは世界中で自分だけではないか、とはたと気づいた。そうであれば、この事態をまずできるだけ多くの人に知ってもらうしかない。救助できる人がどこかにいるかもしれない。「制服の人」が見て気づいてくれれば助かるかもしれない。

パソコンの前に坐り直した。ツイッターは百四十字という文字制限がある。その制限の枠のなかでできるだけ客観的な表現で、起きている事態を緻密にかつわかりやすく説明するにはどうしたらよいか、眼をつむって集中した。脳裏に言葉が行き交った。ファクトとロジックを組み合わせなければいけない。

三十分かけて文案ができた。

「障害児童施設の園長である私の母が、その子供たち十数人と一緒に、避難先の宮城県気仙沼市中央公民館の三階にまだ取り残されています。下階や外は津波で浸水し、地上からは近寄れない模様。もし空からの救助が可能であれば、子供達だけでも助けてあげられませんでしょうか」

第一フェーズ、第二フェーズと論理的に書こうと考えました。第一フェーズは、母親と子どもたちの状況です。そして、ここまで書いたら、つぎは救出方法について、第二フェーズで書こうとしました。

ガセのメールだと思われないように、細心の注意を払ったつもりです。

僕はこれまで生きてきて、宝くじに当たるような運は持ち合わせていないと思うんです。ただ、そうではない、自分で高められる運というものは、すごく信じてきました。

すべては、ロジック（論理）だと思うんです。

何かよいことがあったら、よい原因があります。逆になにか悪かったら、悪い原因があると思います。いつもそのことを意識しています。

似たようなケースでうまくいかなかったら、やはりロジックで考えて、その原因を考えます。

そのときに、第一フェーズ、第二フェーズ、第三フェーズとロジックで、段階を追って考えていくんです。

ふだんからやっているロジックでツイッターを打ったんです。

26

ロンドンにハットン・ガーデンと呼ばれるエリアがある。ロンドンの中心、シティの西の境界に宝飾業が集中している地区である。ガーデンという名称だが長くまっすぐな街路の標識にそう記されているだけで、ストリートと変わらない。

シティの中心は高層ビルが集中して、「ガーキン」と呼ばれる胡瓜《きゅうり》型でガラスの奇抜な四十階建てビルができたりしたが、ハットン・ガーデンはそういう派手な発展とは無縁であるかのような佇まいである。

長い通りには間口の小さい宝石店がぎっしり並んでいる。まっすぐな街路から人がようやく通れる目立たない狭い通路が迷路のように奥につづいている。表通りの光あふれる店から、裏階段のある三階のすすけた工房の一室まで、ダイヤモンドや金やプラチナの宝飾に関わっている。

東京なら、と考えてみた。六本木通りと青山通りを結ぶ街路のひとつに骨董通りと呼ばれる場所がある。いまはブティックのほうが多いが昔から骨董屋が集まっていたので骨董通りの通称が根付いた。あるいは別の場所もあてはまるかもしれない。かつての秋葉原である。戦後の闇市から発展して電気のことなら部品から何から何でも揃っていた。秋葉原はストリートというよりエリアでもあった。あるいは大田区の町工場、熟練職人たちはネジ、バネなど日常の生活道具から新幹線、航空機、人工衛星まで、あらゆる精密な部品を製造している。そう考えてもみたが、結局、そのいずれとも少し似ているが肌合いが異なる世界がハットン・ガーデンである。

ハットン・ガーデンは宝飾に限られている。商人も職人もほとんどがユダヤ人である、というところに日本の都市には見られない特徴がある。そこに一人の日本人が紛れ込んで、技術とロジックを身につける。気仙沼からやってきた内海直仁である。

この不思議なエリアについては旅行のガイドブックにも、ショッピングには穴場であるというぐらいしか紹介されていない。ロンドンの貿易、熟練工、移民、そして彼らの文化と技術がミックスされてできたこの複雑な世界には、正規の伝統を記録する語り部がいなかった。時代がかった仕事場の隠れた魅力的な歴史について、幼いころからこの世界に浸ってきた女性、レイチェル・リヒテンシュタインが、最近、ハットン・ガーデンの熟練職人にヒアリングを重ねながら、自伝の要素を含む『ダイヤモンド・ストリート』を書き上げた。

「ハットン・ガーデンはもはや世界の宝飾品市場の中心ではないが、三百以上の独立した企業が隣接地域での取引を支えているし、道路には六十近くの小売店がひしめく、イギリスの宝飾品ビジネスにおいては、主要かつ最大の地区である。ホルボーンからクラーケンウェルの道の終わりまで、道の両サイドに宝飾品店が列をなしている。これらの場所のいたるところに、隠されたネットワークも存在している。それらは、金銀の卸売店でいっぱいの厳重に警備された地下保管庫、特注品が慎重に作られる工房、貴重な宝石の販売業者が経営する小さな店、ハシディック派のダイヤモンド商人が、銀のピンセットで強くつまれた輝く石を検分しながら坐っている小部屋などである」

ハットン・ガーデンはひとつの自己完結している世界でもある。

「ロンドン・ダイヤモンド取引所から金塊販売業者、貴重な金属・石・宝石・宝飾品の供給業者、完成品を売る店舗など、ビジネスに必要なあらゆるものが一平方マイル内に見つけることができる。そこで働く人の大半は、どんな業種であれ、ユダヤ人である。典型的なユダヤ人は、わたしの父のように、同化した世俗ユダヤ人と喜んで取引をする。いまのハットン・ガーデンでは、イスラエル、イラン、アメリカ、オランダ、イギリスその他さまざまな国から来たユダヤ人が働いており、彼らはアントワープ、テルアビブ、ニューヨーク、極東その他の地域の宝飾品市場の国際的なネットワークでつながっている」

レイチェル・リヒテンシュタイン自身が、このハットン・ガーデンのなかで暮らしてきたのだ。それが当たりまえになりすぎてしまい、自分のいる世界について客観的にとらえ直すことはなかった。いま高齢の職人たちが少しずつ姿を消している。失われ行く世界を記録に留めておきたいと『ダイヤモンド・ストリート』を書いた。

長い間、わたしの夫、祖父、叔父、叔母、そして両親はロンドンのハットン・ガーデンという宝飾品街で働いていた。わたしのその場所の記憶は、幼少期に遡る。ポートベロ市場にある父のアンティーク露店での売り物を探すために、父の仕入れに付き添ってその場所に行ったものだ。その地区で中古品を扱う多くの販売業者のひとりに会うために、店のそばの狭い入口を抜けて、暗い階段を昇り、何階も上にある、狭く品物で埋め尽くされた部屋に進む父の後を追っていたのを思い出す。そこの警備は厳重だった。これらの部屋への入口は、往々にして三つの鉄製ドアで仕切られ、それぞれを閉じて施錠をしなければ、つぎのドアを開けることができなかった。部屋のなかに入ると、わたしは隅っこにある椅子に坐って、父が見に来た品物を精査する前のビジネスの話が終わるのを待っていたものだ。このプロセスは儀式めいたものだった。黒いビロード状の線が入った重たいケースが、天井の照明に明るく照らされた机に置かれる前に、大きな緑みを帯びた金属製金庫の冷たい底から厳《おごそ》かに引き上げられたものだった。そして父は羊皮の上着のポケットに手を突っ込み、宝飾品用十倍ルーペを引っ張り出して、顔の片側をきつく引き締めて、そちら側の目に上手いことルーペをあてがった。つぎに彼は、ダイヤモンドの指輪、ヴィクトリア朝の浮彫ブローチ、ルビーのペンダントなど、アンティーク宝飾品をひとつひとつ手に取り、白色の灯りのもとで長い間吟味し、不完全さに気づいた時などには舌打ちをした。値段交渉の応酬の末、それが合意に達すると、握手とヘブライ語のmazel und broche（神のご加護を）で取引は成立し、品物が現金と交換された。これが一世紀以上もの間、ハットン・ガーデンで行われているビジネスの慣わしである。それは、暗黙の独自法に則ってことが進む、秘密めいて、非公開で、陽の当たらない世界であり、取引相手を陥れてはならず、一度取引が成立したら、それに忠実に従わなければならない世界である。

ハットン・ガーデンが宝飾品における世界の取引の中心地となったのは十九世紀末だった。ユダヤ人をはじめ各地から商人や職人が集まってきた。時計職人や古物商も、職を求めて流入した難民もいた。『ダイヤモンド・ストリート』には、高齢の職人の証言が記載され、工房の雰囲気を伝えている。

「わたしが昔となりに座っていたラピダスというユダヤ人の年配の男がいた。彼は一八六〇年頃にロシアで生まれた。彼は故郷から逃げ出し、何も持たずにドイツで弟子入りをした。彼はよくベッドと椅子だけの部屋に寝泊まりし、パンと水で生活をしていたとわたしに語ってくれた。一九〇〇年代に彼はパリに移り、宝飾品職人の親方になり、一九二〇年代にイギリスに移ってきた。彼の娘はリリー・ラピダスといって舞台でとても有名になった。彼がここに来たのは七十歳代の後半だった。彼は、週給が決して三ポンドを超えないような出来高払いの仕事をしたが、作るのにいつも三カ月かかるような、わたしがいままでに見たこともない素晴らしい宝飾品を作った。彼が作ったものの中で最も美しかったのは、貴重な宝飾品やダイヤモンドがきれいにちりばめられたエナメルの花びらがついている、十八金に埋められたバラの形をしたダイヤモンドのブローチで、それはロシアの王妃から依頼されたものだった」

イギリスの宝飾品店に出回る、あらゆる真珠、貴重な宝石、ダイヤモンドは、それらが原石であろうが成形されたものであろうがハットン・ガーデンを経由していた。すべての仲買いがそこで行われ、ハットン・ガーデンの職人の熟練の技術は世界的名声を得ていた。

ダイヤモンドの発掘は独占企業のものであり、ハットン・ガーデンの職人は原石をいかに無駄なく削り、削られたダイヤモンドの形に即していかに魅力的なデザインを施した完成品にするか、利益は職人技によってのみ生み出されるのである。まずダイヤモンドの原石を鑑定しなければいけない。原石の形によっては四角に削ったほうがよいか、それとも丸い形のほうがよいか、それともまったく新奇な形が適しているか、少しでも無駄がないようひっくり返してはスケッチを描く。カットのプランに幾日もかけるときがある。宝飾のデザインは奇をてらうよりも収益のプランによって決定されるのである。

レイチェル・リヒテンシュタインは、大学の夏休みに家業の手伝いをした。ハットン・ガーデンに点在する工房から顧客のために完成品を取ってくる使い走りである。品物が完成するのを待っている間、静かに集中して木製の作業ベンチに背を丸めて坐って、小さな道具でプラチナを溶接したり、宝石台に小さく煌《きら》めく石を載せたり、ダイヤモンド刃の鋸《のこぎり》で藍色のサファイアの成形作業をしている年配の人たちを立ちながら見つめていた。作業者の多くは、十四歳で夜に床にこぼれ落ちた金の削りかすを掃き集めるという見習いの作業から始まり、何十年もかけ技術を磨き、作業ベンチに坐ることができると知った。

研磨したダイヤモンドに金や銀やプラチナを組み合わせる。金属の削り粉は少しも無駄にできない。職人は見習いのときからこうした厳しさを身に付けさせられる。

「削り粉が足りないようなことが頻繁に起きたら首だった。見習いがみんな遅くまで働いていた理由の一つがこれだ。毎晩、わたしたちは床においてある棚についた粉を拾って揺すり、金や銀、プラチナの粉を床に落として掃き集めた。もし日中に外に出ることがあったらボウルに貯めた水で手を洗わなくてはならなくてね。一日の終わりには、この水の表面をすくい取りながら他のボウルに移して、濡れた金属の粉をすべて集めるんだ。見習いはその粉を溶かす会社に持っていく。わたしたちは彼らが少しでも盗んだりしないように、かまどのような部屋で一日中立っていなくてはならなかった」

職人たちはダイヤモンドを削ることだけが仕事ではない。独自のデザインにもとづいた機械の製造は、それぞれの専門性による分業で成り立つ。ダイヤモンドの宝飾を施した時計は、内部のムーブメントがスイス製であったりする。外側はプラチナのケースであり、そのケースの金型を作る職人、ダイヤモンドを研磨する職人、文字盤の縁のベゼルにドリルで穴を開けダイヤモンドを打ち込む職人、ムーブメントを嵌め込む職人、ガラスを切る職人、フェイスの文字盤を作る職人らが、それぞれの熟練技で高価な付加価値の高い腕時計に仕上げるのだ。ハットン・ガーデンのショーウインドウの裏側には、こうしたさまざまな宝飾品の工房が隠れていた。ダイヤモンド、金、銀、プラチナなど高価な材料や完成した製品は、一日の仕事を終えると盗まれないよう別の保管所へ運ばれた。運ぶための大きなケースは腕に紐を固定して用心した。

ハットン・ガーデンには国際的な特質とは裏腹に、はっきりとしたムラの雰囲気がある。誰もがみな知り合いで、噂話はすぐに拡がる。多くの間抜けな人、尊敬に値する人など、商人的というよりも職人的な意味で興味をそそるユダヤ人がこのムラを構成して、伝統を維持してきたのである。

内海直仁は十八歳になったばかりの三月、ロンドンに来た。英国製の「トリッカーズ」の靴が気に入っていた。電気工学を学んでエンジニアになるよりも、トリッカーズの靴をつくったりするような仕事のほうがおもしろそうだと思った。高専にはとりあえず休学届けを出した。

英国製のトリッカーズは履き心地がとてもよくて、こういうものをつくりたい、靴職人になるんだ、という気持ちがふつふつと湧いてきたんです。

靴のつくりは、イギリスやアメリカ、イタリアと全部違うんですが、日本と同じようにイギリスは雨が多いですよね。トリッカーズの靴は尖端のところに細かな穴が幾つも開けられていて通気性についても工夫されている。単に実用性だけでなくデザインもいい。イギリス留学に関する本を読んでいたら、ロンドンの靴職人になる学校がひとつだけ載っていました。コードワイナーズカレッジです。靴職人の名門校でロンドンの金融街シティに近い場所でした。

昼間の課程は、授業料が高く負担しきれないので、夜学にしました。昼間が当時で年間六千ポンド、日本円で百二十万円ぐらいでした。夜間は三十万円ぐらいでしたから。

それでも、昼間はアルバイトをしなければなりませんでした。自分で作った宝飾品といいますか、日本でも路上で指輪やネックレスを売っている人がいますよね、そのイメージに近いものです。

シティの東、スピタルフィールズ・マーケットという市です。青空でなく屋根があります。毎週日曜日に開かれていました。若いデザイナーが自分で作ったものを持ち寄って売っているマーケットです。宝飾品だけではなくて、洋服もあります。宝飾品といっても、見よう見まねで作ったものです。最初はアルミで作りました。そのマーケットには、商品アイデアを探しにくるプロの人もたくさん来ていました。あるとき、そうした人のひとりで、ウェールズ出身だという人がアドバイスしてくれたんです。それだけ手間をかけるなら、銀でやってみたらどうかって。ファッション関係の人のようでしたが、詳しいことは訊けませんでした。四十歳ぐらいの方でした。

そうこうしているうちに、ロンドンの高級服の専門店として知られている、ブラウンズに自分で作った宝飾品を売り込みに行きました。洋服の売り場の一角で宝飾品も扱っているんです。

たまたまオーナーがいて、わたしが手につけていたブレスレットをみて、「どこで買ったんだ」と訊いてきたわけです。自分で作ったことを話すと、品物を置いてくれることになったんです。

幸運でしたね。ロンドンのブラウンズで売っているというと信用が高くなるんです。

ブラウンズは、日本の伊勢丹のバイヤーがつぎはどんな商品が流行るのかを見にくるような専門店なんです。そこと取引がある、ということになって、取引先が、ロンドンだけではなく、イタリアやフランス、アメリカなどにも増えていきました。

それで、靴職人になるのを止《や》めることにしました。二十三歳で会社を設立するところまでこぎ着けました。

会社を設立する前から、英国人の妻には宝飾品作りを手伝ってもらっていました。住んでいる家がいっしょだったんです。英国では、四、五人で一軒の家を借りて住む、シェアハウスがよくあります。南ロンドンにありました。妻は当時、芸術系のカレッジを卒業したものの就職先がなくて、仕事を探していました。それなら、僕の仕事を手伝ってくれ、となったわけです。取引先が増えて、自分ひとりでは作りきれなくなっていましたから。

会社を興してからも、順風満帆だったわけではありません。試行錯誤がつづきました。アトリエに週に百時間以上もこもり商品作りに没頭したこともありました。

妻と出会って新鮮だったのは、宝飾品作りの細かい作業を彼女は庭の日の光のなかでやるんですよ。部屋に閉じこもってもの作りをする、職人感覚の自分とはまったく違うので、それが魅かれた理由でもありました。

ファッションに関係する商品ですから、人によって好みが微妙に異なります。ビジネスをはじめた当初は、展示会などで大量の商品を販売することも考えましたが、それでは大衆に迎合するものしかできない、と気づきました。お客さまの要望を聞きながら、少数派に属することによって、かえって利益があがることにも気づきました。

なによりも、売り上げに惑わされずに、お客さまに喜んでもらうことによって、自分の人生も精神的に満足できるようになったのです。

「ＲＵＳＴ」という会社の名前は、日本語で「錆」という意味です。フリーマーケットなどで購入した、アンティークの古い鍵やコインなどをあしらって、デザイナーが宝飾品を作りだしています。錆がついたものは、日常生活では一見不要のようにみえますが、長い間存在した証拠でもあります。そうした品物をもう一度生き返らせて、時代に左右されないモノを作っていこうという意味を込めています。

婚約指輪ですと、ふつうはダイヤモンドは下が尖っていますが、わたしのデザインは逆で上が尖っています。「ローズカット」という研磨方式で、一五〇〇年代のエリザベス一世の時代のデザインを復活させたものです。イギリスでは買った指輪を一年後に店にもってくると、傷などを修正するサービスもあるんですよ。

ロケットも内面にちょっとしたメッセージや詩を刻みます。アンティークの本を縮小印刷して、小さな文字で。希望に応じて、職人がメッセージを彫るタイプもあります。アンティークのチャームをゴールドの鎖にとりつけネックレスにしたものもあります。例えば、小さな鳩時計をつけるとか。昔からイギリスにはあるもので、ちょっとしたジョークのあるものもつけます。どんぐりの実をかたどって、開けるとリスが昼寝をしているとか。酒樽を開けると酔っ払ったおじさんが寝ていたりとか。

十八歳のときは、すぐに結果を出さなければ一年で帰国せざるを得ないことになりますから、とても焦りました。何とか稼げるようになり、そのまま帰国せずロンドンに居ついてしまったので、高専は自動的に退学処分になっています。いまは企画やデザインを手がけ、もの作りは職人たちに任せています。そうです、ハットン・ガーデンの迷路のなかに工房があります。

27

オレンジ色の炎が地底から噴き出した溶岩流のように一帯を覆っている。黒煙がいたるところで噴き出して空を覆い、火の海を取り囲む周辺の山々は不気味なほど黒々としていた。

気仙沼湾と市街地は火の海で、そのなかに中央公民館があるのだ。陸上自衛隊東北方面隊は、夜八時過ぎ気仙沼エリア上空一千メートルの闇を旋回している。

「はい、撮影機、火災現場、ズームして撮影しています。はい、こちらは東北方面隊ヘリで、撮影機です。火災現場、非常に広範囲に燃えているのを確認できるかと思われます。火災はヨコ四・五キロメートル、タテ一・五から二キロメートルに拡がっています」

NHKの画面にも、インターネットのユーストリームの画面にも、誰も消し止めることができない、為す術なくひたすら燃え盛る炎がたんたんと映し出された。中央公民館の屋上や三階に避難していた人びとにはガスボンベの破裂する音や立ち上る黒煙で、上空を旋回する自衛隊ヘリに気づく余裕はない。この時点で自衛隊ヘリに与えられた任務は被害状況の把握であり救助ではない。

日が沈み暗くなるころには、ホールの斜め屋根から天井裏へ、三階の屋上から狭い三階の室内へ移動が終わっていた。

ホールの斜め屋根の天井裏におよそ百人、狭い三階の室内や廊下におよそ二百人、二階屋上に百人ぐらいが残った。黒煙でみな顔は炭を塗ったように煤けていた。三階の調理実習室や和室には子どもたちが入ったが、七十一人の園児は長時間のおしくらまんじゅうに耐えなければならない。高齢者はそもそも三階屋上へ行かずに室内に残っていたので立錐の余地なくぎりぎりで坐っている。

大人たちは調理実習室から廊下へ、二階と三階をつなぐ階段の踊り場など、都会のラッシュアワーの通勤電車のなかにいるように押し合いへし合いしながら立っていた。そのうえに煙が運んできた重油の臭いが充満している。それでも室内に入りきれず二階屋上で寒さに震えている人たちに較べれば恵まれているのである。我慢するよりない。廊下には懐中電灯を点々とぶら下げて暗闇のなかの灯台とした。

廊下脇に湯沸かし室と倉庫がある。倉庫といっても小さな物置程度の狭い空間で、そこをトイレにした。トイレ代わりにバケツを置いた。内海直子とマザーズホーム職員はトイレ番を引き受けた。満員電車のなかを移動するのはたいへんだが、用を足す人は廊下にぶら下がっている懐中電灯の明かりを道しるべにしながら人の足を踏まないようにトイレに辿り着くのである。すると内海直子が「いま、入ってますよ」と声をかける。バケツに溜まったおしっこは津波の海に捨てた。高齢者がバケツで用を足すのはたいへんなので林小春所長や保育士たちと交代で肩を貸して支えたりした。園児たちも入れ代わりおしっこをする。その都度、林所長は窮屈な廊下をかきわけかきわけ動いた。

頑健な男たちは二階屋上に残り見張りをしていた。気仙沼消防の消防艇が燃えながら漂っていた。火のついたガレキがゆらゆらと近づきまた離れていく。中央公民館に火がついたまま漂着したら、押し戻さなければならない。

吉田英夫館長の災害非常用電話に指定されている携帯電話に着信があったのは、すでに述べたように六時五十五分で、その後、災害対策本部との通話は途絶している。「陸路が確保できたら救助へ向かいます」と言ってくれていたが、水没している中央公民館に到達できる陸路はない。保育園児を除くと、避難者はそれぞれ互いにどんな人がどこから避難してきたのか、よくわからないでいる。同じ工場の人、近所の顔見知りの人がいる。そういう人はひと塊になっている。ゴム長靴でビニールのエプロンの女性、工事現場の作業着姿の男性、ワンピースにヒールを履いたままの保護者、車椅子の高齢者もいる。勤め先からそのまま来た人、近くの民家に住んでいる人、通りすがりで逃げ込んだ人、赤ちゃんから九十代まであらゆる世代のさまざまな避難者がいた。まだ正確に四百四十六人とは確認されていない。

中央公民館へ避難し、二階から三階へ、さらにホール斜め屋根と三階屋上へ、みぞれが降り、火事が発生し、口と鼻にハンカチをあて、再び室内へ、そうこうしているうちに夜の七時を回って、慌ただしいなかでの一段落という感じになってきた。安息の一段落ではなく、動きが停止したときからむしろ静かに絶望感が襲ってくる。火勢はいっこうに衰えないし、救助される見通しもないままの長い夜のはじまりであった。

内海直子は夫の仁一にメールを打った。七時四十二分である。仁一がすぐ近くの丘まできてくれたことはわかっている。顔は見えないがメールではつながっている。

「いまのところ煙の中ですが大丈夫」

携帯電話のバッテリー残量が乏しい。表示をみるとあとわずかでしかない。この先、連絡が途絶えるかもしれない。火のついたがれきは近くを漂っているし、震度四とか震度五の余震もあるけれど「いまのところ」はどうにか切り抜けている。そこだけは伝えておかなければ、八時二十一分、最後のメールになるかもしれないと思い、打った。

「公民館でげんき　電源すくない」

直接返信をしていなかったロンドンの息子直仁にもメールを送った。

「公民館の屋根　元気」

残りの電源は、ほんとうの非常用、最後の別れがくるときのために残しておきたい。返事をする側の仁一も、同じ思いであった。余計にメールを打つと、受信側である直子のバッテリーが消耗する。車のなかにいると暖房も電源もあるが、停電中の中央公民館はそうではない。仁一から直子に届いた最後のメールは、携帯電話の基地局の非常用電源が切れる寸前、十時三十七分であった。

「暖について　カーテン、新聞紙も利用してください」

寒さも厳しく、一時避難で津波に流されないことだけを考えていたが、籠城となれば必要なものは水と食糧である。

三階屋上に高架水槽があった。中央公民館の責任者である吉田館長にとって誤算だったのは、津波により一階にある配管が破損してそこからすべての水が流出していたことだった。

吉田館長は水位が二階の床のあたりまで引いたのを見計らって、公民館の男性職員、市役所の職員、社会福祉協議会の職員、水産加工場の従業員らに協力を依頼して〝探検隊〟を組織した。

　二階の和室に大きな押し入れがある。そこが非常用備蓄品の倉庫と知っているのは館長と職員だけである。津波で二階天井近くまで水没したが、この時間になると火勢は強まっても水は徐々に引いていた。懐中電灯の明かりを頼みに、三階から二階へ階段を下り真っ暗闇のなかを前進する。水位は二階の床上まで下がっていたが重油まみれのヘドロとがれきが詰まっている。妨害物が行く手を阻んでいる。いきなり一メートルもある巨大な氷の塊が壁になっていた。近くにあった製氷工場から流れ着いたものだ。

　二階はさながら引き揚げられた沈没船のなかのような光景だった。漁具や発泡スチロール、冷凍のサンマやカツオも散乱して、重油と魚が入り混じった悪臭はむせるほどだった。床は油混じりのヘドロで滑りやすく、窓を突き破って侵入し堆積したがれきの山をどかしながら一歩、また一歩と進むだけでも身体がよろけた。民家の丸く太い梁が突き刺さって備蓄品がある和室への入口を塞いでいた。太い柱は重量があり五、六人がかりで力を合わせてどうにか隙間をつくるのが精一杯だった。

　小柄な男性が一人通れるほどの隙間ができたところで、和室に入り、その隙間を使ってバケツリレーのようにして備品を手渡しで三階まで運んだ。

　缶入りクラッカーの入ったダンボール箱はヘドロまみれだったが中身は汚れてい

ない。絶対量が足りないので少しずつ分け合うしかない。毛布は真空パックされている。懐中電灯も使用できる状態だった。真空パックされた毛布は二階のヘドロ状態の所で開けないほうがよいので、表面が泥まみれのまま三階へリレーで手渡した。三階で清潔な毛布を取り出すことができた。

毛布が八十枚、缶入りクラッカーが百三十食分、ランタン型懐中電灯が九個だった。

備蓄品は園児たちを中心に配られた。

水不足は深刻だった。一景島保育所を出るときに各保育士は非常持ち出し袋をつかんで出発した。五百ミリリットルの水が十本あった。しかし、三階の室内にいると水の配給を園児たちだけに独占させるわけにもいかず、少ない水を分かち合った。

林小春所長の采配は厳しく、またやさしくもあった。ペットボトルのキャップに水をそそぎ、園児ひとりひとりに言った。

「はい、ごくごくはダメね。ひと口、ごっくんね」

園児たちはけなげに言う通りにした。いつのまにか「ひと口、ごっくん」が避難者のルールになっていた。

だが高齢の避難者のなかには置かれた状況がまだよくわからないでいる人もいた。保育士におカネを差し出した。

「これで（ペットボトルを）買ってきたら」

避難してから室内にずっと坐っていたお婆さんには、津波で中央公民館一帯が水没しており外に出ることができないことがわからないのだ。

カーテン越しに火の影がガラスの向こうにちらちらして見え、怯えて泣きやまない園児がいた。

「何で、いつまで泣かせているんだ」

そう怒るお爺さんもいた。

二階のがれきのなかから冷凍サンマを拾ってきて、食べようぜ、と言う者もいたが、誰も同意しなかった。重油まみれで食べられるわけがない。

小型ラジオを持っている者がいて「仙台、荒浜で二百人の遺体が……」という音声が聞こえている。各地のニュースは途切れ途切れで、しばしばガスボンベの爆音にかき消された。和室には室内時計があった。目のやり場がないので自然に時計の針に眼差しが向くのだが、針は進まない。時間の歩みのあまりの遅さにため息が漏れる。

過密な満員電車状態のなかで水もなく苛立ちはつのっていた。頭が変になりそうな極限状況のなかで、成人男性は、子ども、女性、高齢者に対する分別をわきまえており、ほとんどは飲まず食わずで立ったまま長い夜に耐えていた。

八十枚の毛布に対して四百人以上の避難者がいた。職場ごとに、あるいは近所の住民ごとに、毛布が配布された。

多少の変化もあった。水が少し引いてきたことだ。備品のための〝探検隊〟が二階へ向かうことができたのも水位が下がったからだ。満員電車のような廊下の、二階へつづく階段の部分に新たなスペースが生まれた。その隙間に、中央公民館のすぐ近くにある一景島在宅介護支援センターの三浦敏子と職員、ヘルパーの五人が集まった。中央公民館へは職員三人とヘルパー五人で避難したが、津波の第二波から逃れるために二階屋上から三階屋上へ夢中で鉄梯子を登ったときに、三人のヘルパーがホール斜め屋根にいることに敏子は気づいている。三人のヘルパーはそのまま板金職人らが開けた穴から天井裏に降りた。三浦敏子を含めた五人は三階の建物内へ入ったが、室内は園児優先なので廊下に立っていたのである。

二階へつづく階段のところは新たなスペースなので五人で体育坐りができた。一枚の毛布を両端で引っ張ってくるまった。立っているよりましだったが、二階の真っ暗な踊り場のところがジャボン、ジャボンとつねに波打っていて不気味だった。

ホール斜め屋根から天井裏へ降りた水産加工場カネダイの根本和子は、中国人研修生を含む二十人ほどの女性従業員グループをまとめていた。避難するときはホール斜め屋根と三階屋上に分かれたが、室内退避では声を掛け合って天井裏に合流した。天井裏は、ホールが見下ろせる操作室の空間で、百名も入れば満員電車状態になる。

ここでも男性は立ったままで我慢した。根本らカネダイの従業員グループは体育坐りができた。それでもぎゅうぎゅう詰めであることに変わりなく、わずかでも楽な姿勢を取れるよう交互に向きを変えた。お尻の下に敷くダンボールも少なく、コンクリートの床の底冷えが眠気を誘い、うつらうつらしながら、まだ生きている、と思った。

天井裏へ移るときに、燃え上がったがれきが接近して、「焼け死ぬのはいやだ。海へ飛び込むべ」と狂ったように叫ぶ男がいた。「何を言っているの。こんな冷たい海に漬かったら死んでしまう」と制したことを思い出した。夜半にトイレに出た。火勢はやや衰えているように思われた。

ダンボールの切れ端が回ってきた。名前と住所が書き込まれている。名簿をつくることになったらしい。自分の名前を書いてから隣に回した。「ひと口、ごっくん」のルールも浸透していた。極限状況のなか、てんでんばらばらのようでいながら、生きるため互いに助け合う大きなチームのようなゆるやかな秩序がつくられていた。

28

三階の廊下隅でロッカーを横にして坐り、警戒心の強い眼で周りを見回している白髪で背筋がぴしっと伸びた年配の男がいた。三階の室内から二階屋上、そして三階屋上へと園児たちを中心とした大きな群れのような人びとの移動の流れにも、我関せず、という姿勢だった。

大正生まれの老夫婦、八十八歳の小野寺康雄と八十四歳の妻のアツ子にとって、二メートルほどの横に倒した鉄製ロッカーは、確保した陣地なのであった。その陣地と窓辺の間を行きつ戻りつしながら、油断なく津波や火事の様子を監視している。津波の第二波に備えて避難者が屋上へ、上の方角へと、その一点に気持ちを集中しているときに、小野寺康雄は三階の調理実習室の廊下の突き当たりにあった細長い鉄製のロッカーを見つけた。持ち上げると意外に軽い。開けるとほうきと雑巾とモップが入っていた。ロッカーは掃除用具入れであった。ほうきと雑巾とモップを捨てて、横に倒した。

「ここさ、坐れ」

夫が言い出したら引かないとわかっているので、小柄なアツ子は言われるままに従った。寒いのでほんとうは廊下でなく室内にいたかった。

夫は陣地を確保するかのごとく命じた。ガランとした廊下の一角に置いてきぼりにされたように見えたが、老夫婦の意思でそこに残っていたことは誰も知らなかった。暗くなると三階屋上から、また大きな群れとなって人波が戻ってきた。調理実習室も和室も廊下も階段も満員電車の状態となった。吊り革につかまっているわけではないが立っている人には、ロッカーに坐るこの老夫婦が、まるで電車の優先席に坐っているように見えた。

小野寺康雄はその日、幼なじみの小学校の同級生が亡くなりその通夜に出席していた。葬祭会館で焼香を終え、遺族と思い出を語り合い、葬儀の弔辞を依頼され、引き受ける、と応じたとき、地震の揺れが襲った。通夜の会場は騒然としている。これまで経験したことのない揺れなので、大津波が来ると確信した。急いで喪服の上に黒いコートを羽織った。近所の人の軽自動車に同乗させてもらって葬祭会館にきたので、すぐに帰ろう、と提案して助手席に乗った。住居は海に近い。防災無線の拡声器から大津波警報が聞こえた。

「妻を連れて、いっしょに逃げなければいけない」

山側から自宅のある海側へ、走った。大川にかかる曙橋を渡るころには、避難する人たちの車が山側へつぎつぎと向かって渋滞していた。わざわざ海側へ向かう車はほとんどない。それでも葬祭会館から自宅まで十五分ほどかかる距離であった。

「いざというときこそ冷静でなければいけない」

助手席で、はやる気持ちを落ち着かせようとした。帰りの道筋、自宅まで、交差点をあと一つ右折するだけ、その反対車線の向こう側に中央公民館が見えた。玄関を見ると妻が心配そうに道路を見ているではないか。車を降りて、道路を横切った。

「大丈夫か」

小野寺アツ子はかつて捻挫したことがある首がまた痛くなったので、近所の医院でマッサージ治療を受けていたときに揺れがきた。

「先生が、これはただでねえぞ、会計はあとでいい。すぐに逃げろと」

「そうだ。これはチリ地震なんてものじゃねえ。ちょっと家さ行って、位牌だけでも持って来るから待っててけろ」

「津波が来るのだから……」

反対する妻を制して、小走りで自宅へ向かった。津波で家が水没したら先祖の位牌はどこかへ流されてしまう。それは彼にとって、あってはならないことなのだ。たかが百メートルばかりの距離などたいしたことではない、八十八歳であっても剣道五段、木刀の素振りを欠かさず、毎日散歩で足腰を鍛えている、と自らを鼓舞して走った。津波には中央公民館と自宅を往復しても間に合うと思った。

二階建ての家に着いて、玄関を開け、ふと魚市場方向を見て、驚きました。岸壁を越えた海水がこちらに向かって流れて来るのが見えました。問題はその速さです。昭和三十五年のチリ地震津波も、自宅にいて経験してます。床上浸水でした。チリ地震津波の速さとは較べものにならない速さでした。ササーッとアスファルトの道路を滑るようにこちらに近づいてきました。位牌は諦めることに決めました。逃げようと思った瞬間、履いていた革靴に目が止まりました。津波との競走になると思い、長靴に履き替えました。玄関には災害に備えた常備品として長靴と安全第一と書かれたクリーム色のヘルメットを置いてある。ヘルメットは妻の分と二つ、抱えた。玄関に鍵をかけようとしたが地震の揺れで歪んだのか、押しても引っ張っても閉まらない。ガタガタやっているうちに玄関に水が到達しました。走るよりは、少しでも早く公民館まで行けるかもしれないと、玄関前に駐車してあった自家用の軽自動車に乗り、自宅前の市道に出ました。

　すでに津波は道路を濡らし、徐々に水位を上げつつありました。津波に追いかけられるように必死にアクセルを踏み、中央公民館前の道路に出ました。あっという間に水かさはタイヤ半分まで来てました。排気筒に水が入ったらまずい、焦りました。公民館入口までは後、五十メートルもありませんが、交差点を南進するということは、流れに逆らう形になりました。ジャブジャブと増えていく水をかき分けて、ガバガバと進みました。中央公民館の玄関前には車が何台も停車しており敷地内には入れませんでした。道路に車をぶん投げる（置き捨てる）ことにしました。ドアを開けると、津波は二十センチほど、長靴に水が入るくらいのところまで来ています。どくどくどくと増える津波をかき分けて歩くのはたいへんでした。長靴に水が吸いついて引っ張られます。館長や職員が「早く早く」と手をぐるぐる回しながら大声で叫んでいました。あと十メートル、あと五メートル、やっと玄関。玄関には妻がいて、それこそ泣きそうな顔をしていました。まさに間一髪でした。

小野寺アツ子は、言い出したらきかない夫の性格をよく知っている。百メートル先だからもう戻ってよいはずなのに、姿が見えない。玄関で長靴に履き替えたり、鍵をかけようと奮闘していたことなど知るよしもない。

「お父さん、何やってるんだべ。知らない。もう波さ来てんのに」

気をもみながら、道路が見渡せる中央公民館の外階段の踊り場で、自宅方向を見ていたら、長靴を履いた夫が車を停め、ヘルメットを抱え、水をかきわけながら近づいてきた。あわてて外階段を降りて玄関の前に立った。泣きそうになった。悲鳴に近いぐらいのあらんかぎりの力を振り絞って叫んだ。

「早く！　こっち、こっちだ！」

六十四年もいっしょにいる。これほど大きな声で叫んだことはなかった。逓信省《ていしん》の電信電話部門（電電公社の前身）で働いていた夫は、陸軍に召集されて中国戦線では無線通信部隊に配属された。敗戦後、中国に一年間抑留され、帰国して一年後に結婚したのである。社会保険労務士として独立した夫の仕事をずっと手伝ってきた。

中央公民館の廊下、ロッカーに腰かけている小野寺夫婦は、見慣れた自宅付近の街並みが津波に破壊され押し流されていく光景を呆然と見つめるしかなかったのである。住み慣れた二階建ての我が家の位置は工場の陰だが、同じ運命をたどっていることは自明であった。外は雪が降り、津波の第二波、第三波はいつ襲うとも知れず、火事は勢いを増しボンベの爆発音が頻繁に鳴り響き、黒煙は煤と臭気を運び、この先どうなるかまったく予想ができない。

「このロッカーさ、どうするの？」

アツ子に訊かれた。

「筏にするんだ」

「いかだって……」

「ここが津波で水没したら、このロッカーにつかまって泳ぎ出すんだ」
通夜で着ていた喪服のズボンのベルトをするっと抜いた。鉄製ロッカーには細い横棒、ハンガーをかけるパイプがある。ベルトをその横棒にひっかけ、手首に結んで巻いた。

思い出していたのは、太平洋戦争で兵隊として中国に派遣されたときのことです。輸送船で下関から釜山へ、玄界灘を越えます。その際、潜水艦の魚雷などで狙われて撃沈されたらどうするか。救命筏に乗り込む訓練をしました。上官から「海に投げ出されたら終わりだ。角帯（ベルト）で筏と身体をしっかりと結びつけておけ。それが生死を分けるぞ」と厳命されました。それが鮮明に脳裏によみがえりました。救命筏とベルトを結ぶと両腕が自由になり、筏が転覆しても何かの破片につかまることができる。上海から長江を遡上しているときにも、同じ訓練を受けました。

火が回って来たら、一か八か、このロッカーにつかまって海となった街を渡り、気仙沼小のある高台方面を目指そうと肚《はら》を固めました。

ロッカーに坐ってからは、外の様子はあえて見ませんでした。「ああなるんじゃないか」「こうなるんじゃないか」と心配してもきりがありません。不安は不安を呼ぶだけですし、冷静さをかえって失います。

長い夜になりました。いざというときに備え、ロッカーに坐り、静かに状況を肌で探っていました。飲食はいっさいしませんでした。ありがたいことに毛布一枚を受け取りました。妻と二人で被り、ときには背中合わせになり、ときには前を見据え、一晩を過ごしました。廊下は屋根から避難してきた人でぎっしりでした。ロッカーには他の人も腰かけました。わたしたちの命の箱船ですが、みんな同じ状況を共有していました。火が弱まっている気配を感じてはいましたが、余震もあり、水位も公民館の二階の床を上回っていました。気が抜けない夜を過ごしました。

気が抜けない長い夜、アツ子は幾度も腰をかけていたロッカーの端から滑り落ちた。真ん中に坐った康雄が、ロッカーの薄い鋼板がバコっと凹んで、「何だ、このヤロ」と怒りのやり場を見失っている姿に、〝満員電車〟の人びととの張り詰めた気持ちが、束の間、ほぐれた。

第六章　人生で一番長い夜

29

　午後二時四十六分の地震発生から二時間も経たない午後四時三十分、東京消防庁の陸上部隊が都心を出発し、陸路を北上する。第一次派遣は十四隊五十四人である。消防自動車は一晩中、走りつづけた。途中の東北自動車道には震源地に近づくにしたがって歪んだ車線もあり、難儀して到着するのは翌朝になる。当初、気仙沼市の被害状況が不明だったこともあり、まずは仙台を目指した。その後、気仙沼市で大規模火災が発生しているとの情報で夜八時四十分、第二次派遣隊三十二隊百三十人が編成され出発している。いずれにしろ陸路では寝ずに走っても到着まで一晩を要する。

　夜六時に東京都立川の航空基地を離陸したヘリは大型の「ひばり」であった。太平洋沿岸を北上、仙台空港の東を通過、月明かりが水面に反射していた。陸地であった田園は水没し、大都会の仙台は停電で黒い闇に覆われている。仙台市の南東にある陸上自衛隊霞目駐屯地に夜八時五分に着いた。翌朝から自衛隊の駐屯地を離陸して情報収集する予定であった。

気仙沼市鹿折地区の火災映像は自衛隊機が撮影したもので、NHKテレビやインターネットのユーストリームに映し出されていたが、気仙沼中央公民館に多数の被災者が閉じ込められている事実はまったく掌握されていない。

中央公民館の四百四十六人は自力で生き残らなければならないのである。それぞれが持ち場でできることを、互いに協力しながらやる必要があった。

東日本大震災発生の三月十一日、東京都内でも交通機関がマヒして、携帯電話、固定電話もつながりにくくなった。JR、私鉄、地下鉄の各駅は帰宅困難者であふれた。

JR東日本は夕方五時三十分に「今日は電車を動かさない」と決めてしまった。私鉄や地下鉄も運行を一時的に停止した。乗客は復旧しだい電車が動き帰宅できるかもしれないと期待し、電車が動きそうになければ徒歩で帰宅するしかないとも考えたり、一晩を過ごす場所があればそこに避難すればよいのかも知れない、とさまざまな判断の間で迷い心が揺れていた。

東京都では都立高校など、各区では小中学校など、その他の公的施設についても、帰宅困難者の一時収容施設として開放しはじめた。また協定に基づき、災害時帰宅ステーションとしてコンビニに水道水・トイレの提供を要請した。こうした情報をメディアを通じて流してもらうよう、プレス対策が進められた。夜八時ごろNHKが「東京都のホームページで避難場所をご覧ください」とアナウンスしはじめると、都庁のホームページにアクセスが集中した。アクセスが集中すると許容量を超えてしまう。避難場所一覧を見ることができない。またテレビでも刻々と私鉄や地下鉄の運行再開時間について報じられることになるが、街頭にあふれた帰宅困難者にはそうした情報が届きにくい。

そこで都庁六階の副知事室にいた僕は、ツイッターで避難場所や地下鉄などの運行停止と運行再開の情報を流しはじめた。アクセスできない都庁のホームページのバイパスをつくった。

帰宅困難者向けのツイートを夜の八時近くから打ちはじめた。十一時過ぎ、情報発信が一段落したところで、気になっていたもうひとつの作業に着手した。ツイートがどの程度届いているのか、その結果、帰宅困難者からどういう反応や要望が求められているのか、僕が使っているアカウントへのリプライを紙に刷り出した。帰宅困難者だけでなく被災地からの救難を求めるツイートも寄せられていた。

そのひとつに眼が釘付けになった。オフィス家具施工業のステディーライズ社長鈴木修一のアカウントから転送されたものであった。僕にはどういう人物なのか、わからない。

ふつうの状況なら一一九番に通報がある。どこから通報があったのか、一対一の対話で事実関係を確かめる。一一九番にかけられた電話は消防指令室の位置情報システムと連動しているから、通報者の場所も瞬時に把握できる。しかし、そもそも被災地では地元の一一九番回線が地震と津波で寸断されて、消防署自体が被災している可能性が高い。

都庁九階の防災センターに詰めている東京消防庁の伊藤克巳防災部長を呼び出した。刷り出した紙を見てもらうためである。震災でデマ情報が氾濫していたこともあり、短い文章のなかに盛り込まれた情報の信憑性を確かめなければいけない。

「どうですかね。文章にロジックがあり、事実の描写には具体性があり、信用できると思うのだが……」

刷り出したツイートの文面を示した。

「障害児童施設の園長である私の母が、その子供たち十数人と一緒に、避難先の宮城県気仙沼市中央公民館の三階にまだ取り残されています。下階や外は津波で浸水し、地上からは近寄れない模様。もし空からの救助が可能であれば、子供達だけでも助けてあげられませんでしょうか」

NHKの画面に気仙沼一帯が火の海となって燃えている模様が繰り返し映し出されていた。この短文が事実なら火の海からの一一九番通報ではないのか。

伊藤防災部長は、文面をじっと見つめ、再び読み返してから、意見を述べた。

「まず障害児童施設、そして私の母、気仙沼市中央公民館という名前、これらは具体性があります。たいへんな事態と思われます。火事と中央公民館の位置関係をちょっと確認してまいります」

いったん伊藤防災部長は九階の防災センターへ戻り、十五分ほどして報告にきた。

「最も激しく家屋が燃えている地区と水没している中央公民館の場所とは少し距離があります。中央公民館の一帯は重油ががれきに染み込み燃えているようです。したがって、緊急性はあるけれど、ヘリは有視界飛行なので夜中に助けに行くよりも、朝方に明るくなってからのほうが賢明と思われます」

説得力がある見解だった。地元の消防署からの要請がないまま救助に向かうことは前例がない、とも付け加えた。

「前例がなくてもやれますね」

責任は上司の僕が負う、という意味を防災部長は阿吽《あうん》の呼吸で理解した。

「緊急事態です。やりましょう」

30

夜明けが待ち遠しい。いままでの人生のなかでこれほど長い夜はなかった、と内海直子は思った。夜更けに〝満員電車〟から抜け出し、二階の屋上で夜空を眺めた。

澄みきった天空には無数の星屑がちりばめられて輝いている。街灯もネオンも騒音も何もない夜空は美しく、神々しく、自分がただただちっぽけな存在にすぎない、という猛烈な寂寥感に襲われた。

遠方の街区ではまだ火が見えるが、中央公民館周辺は海面に漁火《いさりび》のような小さな火種がちょろちょろと燃えているだけだった。

どれほど長い夜であっても、やがて日は昇る。三月十二日の日の出予定時刻は五時五十分であった。五時を過ぎると海の彼方に白く薄い光が拡がりはじめた。水没した街がはるか彼方まで姿を現しはじめた。コンクリートの建造物がまばらに点在し、木造の住居の屋根や車が燻りながらところどころに集積していた。転覆した漁船が赤い腹を出して無造作に転がっていた。

火の海のなかの夜景とは明瞭に異なる静寂な白い光のなかの光景は、津波の異様なまでの仕打ちを見せつけるものだった。

しだいに二階屋上に人が集まりはじめた。男も女も呆然と一帯を見つめている。水産加工場の従業員の根本和子も、斜め屋根の下から外に出た。重油の臭気が鼻についた。

明け方に見た光景は津波で街が破壊され、しかも火事で焼け野原になっており、まるで爆撃を受けた後のようで、「日本沈没だね」とか「戦争の後みたいだ」という声があちこちでありましたし、わたしも同じ感想を持ちました。わたしの実家は長崎県国見町（現・雲仙市）にあります。父は転勤族で、福岡県とか九州各地に転校しましたが、原爆の惨劇を忘れないため幾度も原爆投下後の長崎の様子を映画などで見せられていました。その映像と目の前の光景が重なりました。原爆を題材にしたテレビドラマで、火災の中、川に飛び込む人の姿などが印象に残っていますが、そうした悲惨な映像も思い出していました。目の前の光景が現実なのかどうか……、にわかに信じられない不思議な感覚です。職場の同僚らと「ドラマの撮影じゃないよね」と会話したのを憶えています。遠くに国道四十五号線気仙沼バイパスが見えました。車がふつうに走っている。「わたしたちだけが取り残されているの？」「わたしたちのこと気づいているのかな？」と、孤立感とともに気も焦りました。

内海直子はマザーズホームがあったはずの場所に視線を泳がせた。風景が一変している。マザーズホームも隣の一景島保育所も跡形もなく、ただがれきの山になっている。ピアノがあったはずなのだが……、と目印を探そうとしたが、ない。赤と青のプラスティックのソリが二つ、見えた。ああ、やっぱりマザーズホームは……。

一景島保育所の林小春も同じ場所を見ていた。あるはずのものがない。屋上にいる人びとにとってそれは同じ思いである。

薄明かりが射しはじめると、吉田館長らは脱出する方策がないか、考えはじめた。水はどこまで引いたのか、二階はヘドロのままだが、一階はどうなっているのか、外に出ることができるのか。再び〝探検隊〟を組んだ。

二階から一階へ下る階段はがれきが詰まっていた。重油と木片と泥にまみれたがれきをひとつひとつ取り除いて一歩、また一歩と進んだ。

林所長に頼まれていたものがあった。

「一景島保育所の備蓄品が入った袋が三つ、中央公民館の一階の事務室にあるはずです。いざというときのために置いてもらっているものです」

一階に辿り着いたが、机も椅子もロッカーもヘドロでぐじゃぐじゃに汚れてあらゆるものが散乱していた。三つのうち二つの袋は見つかった。飴や水が入っている。

生後十日の赤ちゃんをはじめゼロ歳児が三人いた。備蓄用のクラッカーがわずかずつ配られ、「ひと口、ごっくん」のルールはできていたが、ゼロ歳児には食べるものがなく脱水症状の危険があった。母乳かミルクが必要だった。しかしミルクはない。

「誰か、おっぱいの出る方はいませんか」

お母さんは極限状況のストレスでおっぱいが出ない。結局、ほかの乳児のお母さんも同じだった。ヘドロのなかからガムシロップが五つ見つかった。倒れた冷蔵庫からこぼれたものかもしれない。アイスコーヒーなどに入れる透明な小さな砂糖水である。指につけて赤ちゃんの唇にあてた。

「吸いついて、ほら、離れない」

逆に赤ちゃんの生命力に勇気づけられた。

避難者のなかには生まれたばかりの赤ちゃんもいれば、出産予定日を間近に控えた妊婦もいた。九十代の高齢者もいれば、車椅子に乗ってきた人、持病のある人などさまざまな人がいる。

どこの誰がいるのか、何人いるのか、定かではなかった。夜中にダンボールの紙片やカレンダーの裏紙が手渡しで回されたが、身動きができない〝満員電車〟状態だったため、重複があったり、記入項目が不統一であったりした。明るくなり、二階屋上や室内への出入りの空間ができたところで、吉田館長や職員らがあらためて場所ごとに点呼して名簿を作成した。およそ四百名と見積もっていたが、四百四十六名いると判明した。

前夜の探検隊は備蓄品の確保が目的だったが、早朝の探検隊は脱出の可能性を探る目的があった。中央公民館の玄関や外階段から出ようとしたが、すぐにズボッと片足が吸い込まれる。一見すると水が引いたようにも見えるが、水の上に板が浮いている状態と変わらない。踏めば沈むのである。

いっぽう火の海と暗闇のなか、どこか助けに行く通路はないか、と少しでも中央公民館に近づこうとしていた内海仁一は、明るくなると再び、最も接近できる大川にかかる曙橋の北西の高台へ向かった。夜明けとともに防災センターを出た市議会議長の臼井真人も同じ場所に辿り着いた。見晴らせる場所は限られている。

千葉一志分団長は日の出とともに動きはじめた。避難者を救おうとして入ったビルに閉じ込められ一夜を過ごしたが、朝になって水がだいぶ引いているので同じビルにいた足の悪いお年寄りたち一家七人を、流れ着いた生鮮カツオを運ぶ青いプラスティックのボックスを舟代わりにして乗せ、半身水に漬かりながら引っ張って脱出した。焚き火をしている場所まで行き、服を乾かした。

南気仙沼小学校に娘、中央公民館に妻と一景島保育所の五歳児の息子がいる土建業の軍司貴之も未明から救出活動をはじめた。まず水が比較的早く引いた南小へ近づき最後は浮いたがれき伝いに校舎に入り込んで娘を連れ帰った。それから中央公民館へ近づこうとした。

九時だった。空の彼方からバタバタとエンジン音が聞こえた。音が大きくなった。上空を見上げると赤いヘリコプターが中央公民館の上空に近づいている。東京消防庁の文字が見えた。

吉田館長はあわてて中央公民館の階段を上った。屋上から見上げると、接近する赤いヘリは思ったりより大きい。やがて屋上の真上で停まり、ホバリングの状態に入った。「ひばり」は全長十九メートルの大型ヘリである。レスキュー隊員がロープでするすると降りてきた。

「ここは中央公民館ですか」

レスキュー隊員は吉田館長に訊ねた。

「はい、ここは中央公民館です」

さらに訊ねた。

「障害児童施設の園長さん、おられますか」

職員が内海直子と林小春を呼びに走った。

その間に質問はつづいた。

「十数名の障害児とともに、ここに避難しているとの情報が入ったので来ましたが、どなたのことでしょうか」

内海直子と林小春が室内から出てきた。吉田館長が早く、早くと手招きしている。

「あのわたしはマザーズホームの園長ですが……」

「十数名の子どもがいると聞いています」

「わたしのこと、どうして知っているんですか」

「息子さんが助けを求めたんです」

林所長が割って入った。

「マザーズホームの子どもたちはいませんが、保育所の園児が七十一人います。ほかにもたくさんいます」

レスキュー隊員は、あたりを見回しながら、想定とは違う状況を把握するため短い時間に懸命に集中力を高めようとしている。屋上の端、室内へ入るドア、自分の周りを囲む男女、素早く視線を走らせている。

「いったい、ここに何人いるのですか」

吉田館長が説明する番である。

「全部で四百四十六人、います！」

汚れた紙にぎっしりと氏名が記入された手作りの名簿を渡した。

やりとりの間、内海直子は、どうして十数人の障害児と自分がいるという情報を消防士が知っているのか不思議で、横にいたマザーズホームの職員と、どうしてだろうね、と顔を見合わせた。

レスキュー隊員は吉田館長に言った。

「一度にヘリに乗せられる人数は限られています。周りは水没して着陸できませんので、ホイストと言いまして、ひとりひとり抱き上げて救助ウィンチで持ち上げます」

レスキュー隊員は、一回のホバリング中に引き揚げられる人数は十人程度だと思っている。手短にそう説明した。

「とにかく、赤ちゃんと妊婦を最優先にして下さい」

林小春が訴えた。吉田館長も、頷きながら、病人や高齢者も、と付け加えた。

ホイストが始まった。霞目駐屯地まで片道四十分、燃料の消費を計算するとホバリングはせいぜい一時間である。

最初の救出は九人で終わった。ヘリが給油して戻るまで、レスキュー隊員は残って、吉田館長や職員らと、次回以降の搭乗の優先順位を話し合った。

レスキュー隊員は、言語で言い尽くせぬ気仙沼の惨状と中央公民館に避難した四百四十六人の行動力に感嘆して、以下の手記をつづっている。

震災翌日の光景と活動はあまりに衝撃的で、さまざまなことが印象に残っています。

一つ目は、その情景です。発災翌日の活動は、気仙沼市の中央公民館に取り残された孤立者の救助活動でした。ヘリからホイストで降り立った公民館からの光景は、まるで爆弾を落とされたかのように跡形もなく、一面を黒い水が覆いつくしていました。また、あたりは鼻につく重油の臭いが漂っていました。

二つ目は、要救助者の圧倒的な数とその眼差しです。当初の情報によると、「公民館に十数名が取り残されている」とのことでしたが、ヘリから降り立ち、屋上のドアを開けたところ、廊下に坐る隙間もないほどの人があふれていました。公民館には約四百五十名が取り残されていました。周辺の建物も同様に、何名も取り残されている状態でした。判断に迷いましたが、「今日中に、全員を救助することは不可能である」と正直に伝えました。

三つ目は、避難できた方の生々しい話です。私は、ヘリが燃料補給のため飛行場にいったん引き揚げている間、公民館に残っていたので、避難者が震災当日に起こったことを話してくれました。

「津波の襲来がとても早かったこと」
「車で避難し渋滞に巻き込まれた者はみんな流されたこと」
「目の前で流され沈んでいく息子をただ見ていることしかできなかったこと」
「津波が上階に迫り、急いで子どもたちを屋上の屋根に担ぎ上げたこと」
「火災がすぐそこまで迫り、もうだめだと思ったこと」

私は、気の利いた言葉も言えず、耳を傾け頷くことしかできませんでした。

四つ目は、孤立した方々の行動力です。まず、現着した際、すでに避難者の数は把握済みであり、避難者全員の氏名を書いたメモを私に渡してきました。さらに、その翌日、避難者自らの判断で水が引くのを見計らい、公民館前のがれきを撤去し臨着場を設定していました。（レスキュー隊員・小泉敏光の手記、東京消防庁「東日本大震災における活動の記録」）

プロペラの羽根が巻き起こす風圧のなかで吊り上げの作業が行われた。頑健な男たちや公民館の職員がホイストを手伝った。奥玉青年は、給油でいったんヘリが立ち去ったあとに残ったレスキュー隊員に訊ねた。火の海で一夜を過ごし、気仙沼地域だけが津波の大きな被害を受けたと考えていた。

「三陸沿岸が壊滅的な状況です」

その言葉に衝撃を受けた。中央公民館だけが、気仙沼一帯だけが……、と思っていたがそうではない。

吊り上げる人にフックをつけたり、ロープをつかんだり、やはりホイストを手伝った澤井青年は、つぎに来るときに「水をお願いしますね」とレスキュー隊員に伝えた。内海直子の胸には希望の風が吹いていた。白々と夜が明けたときの寂寥感をもう二度と味わうことはないのだ。

救助が始まりましたが、着陸できませんでしたので、ヘリコプターに吊り上げることになりました。風が強く、ロープを男の人たちが必死につかんでいました。車椅子の人たちは、車椅子から下ろして、隊員が後ろから抱えて上げていました。

ヘリコプターには、病気のある人をまず優先し、つぎに妊婦さん、小さな子どもを引き揚げましたが、わたしは列に並んだ人とおしゃべりをしていました。

妊婦さんには「いつ生まれるの」とか「絶対、元気な子どもが生まれるからね」と励ましていました。三月二十日ごろが予定日という妊婦さんもいましたし、五月が予定日という人もいました。たいへんな状況でしたので、少しでも気持ちを落ち着けて、救助がうまくいくように祈っていました。

おじいさん、おばあさんもヘリコプターに吊り上げられるのが不安な様子でした。「おれなんかは運ばなくていい」と嫌がるおじいさんも出てきました。わたしは「そんなこと言わないで、早く病院さ行きなさいよ」となだめたりしていました。

高齢の男性が津波で破壊された街を指差し「あそこに、おらいの（おれの）うちがあったんだ」「二階のタンスには亡くなったばあさんの着物が何百万円分はあったのに」などと何度も繰り返していました。

わたしは「あら、それ、もったいなかったねえ」などと相づちを打ったりしていました。話をすることで、極限状態にあるストレスを少しでも解消しようとしていました。わたしは聞き役に徹しました。もう何もすることがなかったし、たいへんそうだなあと思って、自分のできることをしただけです。

中央公民館に避難した四百四十六人のうち初日の救出は五十人ほどだった。翌日、避難者たちはヘリコプターの発着場をつくった。全員が協力し合いながら中央公民館の裏のグラウンドのがれきを片づけた。東京消防庁のヘリに加え、自衛隊のヘリも着陸し、全員が救出された。

＊東日本大震災以降、宮城県は毎月、被害状況を公表している。犠牲になった死者・行方不明者は気仙沼で一千四百二十七人、南三陸町で八百三十五人である（二〇一四年十月三十一日現在）。

〈対談〉田原総一朗×猪瀬直樹
「446人のオーケストラ」が奇跡を起こした

なぜ一つのツイートを真実だと判断できたのか

田原　東日本大震災発生直後から、気仙沼市中央公民館の屋上に取り残された四百四十六人を巡るドキュメント、それぞれの人間像に迫る細やかな描写と取材力にとにかく圧倒されました。冒頭に鈴木修一さんという零細企業の社長が出てきますが、彼と猪瀬さんとの繋がりは最後の最後になってようやく明かされる。この構成も非常にスリリングで、とにかく一気に読ませました。当時、猪瀬さんは東京都の副知事でしたね。

猪瀬　はい、3・11の当日、つけっ放しにしていたNHKで火の海と化した気仙沼が延々と映し出されていた。自衛隊が撮った空撮映像でしたが、津波と共に、とにかくすさまじい勢いの火が、画面いっぱいに広がっていた。自分たちにいったい何ができるだろうかと考えましたが、その一方で、東京では帰宅困難者が溢れかえり、交通網が麻痺し、パニック状態が生じていた。副知事として「今、どこそこで地下鉄の○○線が動き始めた」等々の速報を伝えるべく情報発信を続けていた。都庁のホームページにアクセスが殺到し、パンクしてしまったからです。都庁でツイッター発信ができるのは民間出身の僕しかいない。最新情報を自分のツイッターを使い、どんどん発信し始めたのです。

田原　地下鉄が動き始めたのは確か夜九時近くでした。そのときはまだ都庁にいらしたのですね。

猪瀬　ええ、その日は一晩じゅう都庁にいました。消火や救助・救難は東京消防庁、麻痺しかけている交通の整理は警察、公民館や学校を一時退避の場所として開放するのは教育委員会や都庁の各部局と現場の職員が全力であたっていました。僕は都度つどあがってくる集約された情報が錯綜しないように、まずは正確な情報を伝えることに尽力しました。地下鉄の運行情報を流したところ、一万件ほどのリツイートがあった。実際、帰宅困難者向けに一時収容施設の一覧を都庁のホームページに掲載させたが、テレビでその告知が流れると、アクセス集中で都庁のサイトはパンクしてしまっていた。ツイッターならば集中を回避できる。ミラーサイトや僕のブログサイトも使いながら、ツイッターを通じて情報を積極的に発信していくことに決めたのです。僕がツイッターを始めたのは、震災から一年ほど前のこと。僕より少し前に田原さんがツイッターを始められましたね。

田原　そうですね、ジャーナリスト・佐々木俊尚さんと対談したときに、「田原さんもやったほうがいいですよ」と薦められたのです。

猪瀬　一年前の二〇一〇年三月に田原さんが始めたので、僕もやってみようと思って直後に始めたのです。それから一年が経ち、それなりにフォロワー数も増え、3・11が発生するや否や、とにかく大量の情報が@inosenaoki宛に入ってきた。

デマ情報も多くありましたから、とにかくこの情報を精査しなくてはならない。「ちょっと一回、紙に刷り出してみよう」と、A4判の紙に出力してみました。相当な厚さになった。その束をめくっていくなかで、鈴木修一さんからのツイートにぶつかったのです。

田原　その元となるツイートが、障害児童施設マザーズホームの園長・内海直子さんからの携帯メールを受け取った息子さんのものだった。

猪瀬　そうです。当然ながら、鈴木さんがその時点では何者かは分からない。とはいえ、それが僕へ向けられたメッセージであることは間違いない。都庁に詰めている東京消防庁の防災部長をすぐに呼びました。プリントアウトしたツイートを見せて、「どう思う、これは本当の情報だろうか」と議論した。デマばかりのなかで、これは間違いなく事実だろうとの結論に達した。なぜなら主語がはっきりしているし、文章が正確だった。「助けにいくことはできないか」と防災部長と相談し、燃えている範囲を分析しながら、「ヘリは有視界飛行なので、出すとしたら明け方すぐに出したほうがいい」と話がすぐにまとまった。

東京都から仙台にヘリを飛ばす異例の措置

田原　結果的には、その措置を講じたのは東京都だけでした。なぜ東京都だけだったのか。

猪瀬　本来の手続き上は、地元からの要請を受けて出動するのが通例です。しかしながら、あのときは手続きがどうのこうのなんて言っていられない。ならば手続きを省略してやるしかないと僕は考えたのです。

田原　鈴木修一さんが猪瀬さん宛にツイートしたのが、ロンドンにいた内海直子さんの息子・内海直仁さんのツイートだった。気仙沼の情報がロンドン経由で届く、この本のドラマチックなところの一つですね。

猪瀬　そのときには、そのような内情は知る由もありません。気仙沼市中央公民館が置かれている状況を伝える百四十字の文字情報でしかなかった。でも5W1Hがキチンとしているし、品格も備わっている。これはもう救出に向かうしかない。それだけです。

田原　その時点では十数人の子どもとその園長さんがいるという情報だけで、数百人がいるとは思いもしなかった。結局、ヘリが飛んだのは翌朝でしたね。

猪瀬　明け方の六時ぐらいです。有視界飛行が可能な朝一番に飛びました。結果として、ゼロ歳から五歳までの幼児は七十一人いた。三月十二日の早朝にヘリが行き、自衛隊の協力もあり、最終的には三日目に全員助けることができた。

田原　最初の日に助けられたのは五十人ぐらいですか。

猪瀬　そうですね。ただし、救助活動が始まることで「よし、これで助かるんだ」と皆さんを安堵させ、水分の補給もできた。

田原　ヘリからの救助って、ひとりひとりぶら下がるわけでしょう。

猪瀬　そうです、ホバリングしながら助けるわけですから、救助初日は五十人くらいが精一杯でした。

田原　ヘリというのは、自衛隊にもあるし、もちろん宮城県にもあるでしょう。他のヘリは、なぜ助けに行けなかったのか。

猪瀬　それぞれ出払っていたのです。宮城県はヘリが一機しかありませんでしたし、その一機は仙台空港で水に浸かってしまっていた。仙台市は二機持っていたけれど、三陸一帯が大きな被害を受け既に出払っていた。自衛隊は自衛隊で動いていましたけど、翌日の朝はまだ殆ど状況把握のために動いているみたいなものでしたから。東京都から仙台にヘリを飛ばすというのは、もしデマ情報だったとしたら本当におかしなことになってしまう。非常に難しい判断でした。

田原 ヘリが行った翌日の朝の段階では、公民館はまだまだ浸水していた？

猪瀬 まだ引いていないですね。少しは収まっていたけれど、とても外に出られる状態ではない。ヘリで吊り上げるしかなかった。ですので、乳児や妊婦、お年寄りを優先して助けたのです。その翌日になるとかなり引いた際、避難していた人たちが協力し合って瓦礫を片付けて、ヘリが着陸できるようなスペースを作ったのです。

田原 それにしても、取り残された障害児童施設や保育所の人々の対応が見事でした。あんなに大混乱のなかで、一人の犠牲者も出さなかった。最初は公民館の二階にいたけれど、ここまで津波が来る可能性があると感じ、三階へ逃げた。三階でも危ないからとさらに高い屋上に逃げる。この辺りの書き方にとても臨場感がありました。

僻地としての気仙沼、海洋都市としての気仙沼

田原 作家・猪瀬直樹が、ノンフィクション作品として、なぜ、この事象に挑もう

と思ったのか、詳しく聞かせて欲しいです。

猪瀬　震災から一年ほど経ったときに、保育所の所長さんと障害児童施設の園長さんの二人がわざわざ都庁を訪ねてきて、「命が助かりました」と感謝してくださった。そこで、初めてあの日の詳しい経緯を聞いたのです。

田原　そのことがきっかけとなっているのに、この作品には副知事・猪瀬直樹は殆ど出てこない。それはなぜですか。

猪瀬　あの日の出来事を知れば知るほど、そこにいたそれぞれの皆さんがいかに知恵を出し合っていたかが見えてきたのです。情報を摑んで救出のきっかけをつくったのは僕だけれど、そんなことよりも、公民館に取り残されていた皆さんがどれだけ工夫して助け合ったかということを重点的に書きたかった。

田原　確かに、誰かの英断というより、ひとりひとりの結束の物語ですね。子どもたちを、おんぶ紐を使って引き上げる際の連係など、見事としか言い様がない。

猪瀬　フェンスを飛び越えるのに椅子を置いたり、消火器でフェンスの鍵を壊したり、鉄梯子に摑まる為に机を置いたり、板金屋さんが斜め屋根に穴をあけたり……その場で独自に編み出した解決策が積み重なってこそ命を守ることができた。

田原　もうすぐ津波が来る、その大騒ぎのなかで、よくぞ協力し合えるものですね。

猪瀬　ふだんから訓練していたからでしょう。ヒアリングを重ねてよく分かりましたが、近所の住民たちの結束力がとにかく強い地域です。製氷工場や魚の加工工場などが多い一帯で、その多くが共働きであり家族労働ですから、保育園も満杯だったし、保護者同士の連係も強かった。地縁が作り上げた脱出劇だったのです。

田原　女性がリーダーシップを発揮しているのも興味深い。

猪瀬　土建屋、倉庫屋、工務店……たくさんの中小零細企業が登場します。そこでは奥さんたちも働いていて、生活者としてのたくましさを持っていた。それぞれの知恵を出し合うことに日頃から慣れていたのです。

田原　この気仙沼は、宮城県でもだいぶ僻地にありますね。

猪瀬　気仙沼というのは陸地としては僻地なんです。しかし、海洋を中心に眺めると開けた場所なのです。気仙沼の湾を軸に捉え直してみると、見え方がガラリと変わる。気仙沼湾は、カツオ、サンマ、マグロなど漁獲高として日本有数の港です。港が海に開けているという発想は、実際に現地を歩いてみるまでは持てなかった。「割烹世界」という料亭が気仙沼にありました。残念ながら津波で流されてしまったのだけれど、後日、仮設で営業を再開した「世界」の壁に貼られた写真を見たら、赤坂の料亭みたいな灯籠があった。それだけ色々な国の人たちが出入りしている場所だったのですね。僕が行ったときも、ある飲み屋さんに入ったら、鹿児島から来た漁師が横でお酒を飲んでいた。遠洋漁業もやっていますから、大西洋やインド洋など、ごく当たり前に行き来している。日常的に世界中と交流している場所だったのです。

田原　海を軸に考えてみれば、これほど世界へ広がっている場所もなかった、と。僻地にある気仙沼の情報を、ロンドンの宝石街で活躍している子息が摑んだ、というのは、この海洋都市・気仙沼で起きた話として、何だか象徴的ですね。

猪瀬　そうなのです。

その後、日本ユニセフ協会がお金を出したり寄付も集まったりして、津波で流されてしまった保育所と障害児童施設が再建されました。高台に再建できる目処が立ち、震災から一年半後ぐらいのタイミングで落成するので、その式典に来て欲しいと言われ、妻と共に訪ねました。それぞれの方々から詳しい話を聞いて、あらためて、一人も亡くならなかった事実に感動しました。この人たちの努力、生き残るために踏ん張った経験を何とか形にしたい、と強く思ったのです。ちっちゃい子どもたちが、手づくりのキラキラモールを振りながら繰り返し「ありがとう」と踊って迎えてくれたんです。思わず涙が出てしまいました。

ユダヤ人相手のビジネスで鍛えてきたからこその文章力

猪瀬　もう一つ、書くきっかけがあったとすれば、二〇一二年夏に、ロンドンオリンピックの視察に行ったときのことです。

田原　二〇二〇年、東京にオリンピックを招致するための渡英ですね。

猪瀬　はい。その視察の合い間に、ツイートをした子息・内海直仁さんに会いにいったのです。「いったいどういう青年なのか」と興味があった。訪ねていくと、一昔前の秋葉原みたいな感じというか、いわゆるブランドじゃない宝石店が雑然と何十軒もずらりと並んでいる街並でした。仕事場を覗くと、そのエリアはユダヤ人が仕切っているエリアと理解できた。そこに彼は工房を持ち、宝石を加工して販売していた。三十歳すぎくらいで若いのに、現地人も雇って成功しているように見えました。端的に訊いたわけです、「なぜ君はロンドンに来たの？」と。

田原　あんな僻地から、なぜロンドンへ、と。

猪瀬　すると、「気仙沼は世界からさまざまな人が来ているところでした。そういう環境に慣れているから、自分としては、ロンドンに行くという選択肢に違和感がなかったし、ごくふつうの気分だった」とさらりと言うのです。これには驚きました。

彼は、一関高専という五年制の高等専門学校に行き、そこを三年でやめてロンドンに渡った。父親が船乗りだったことも大きいのでしょう。外国航路の船員だった父が、横浜や神戸などに寄港する度に、家族全員でその寄港地まで出掛けていき、ホテルに泊まり、海外で見聞きした話を聞いてきたという。

田原　なるほど、それは面白い。つまり、彼にしてみれば、気仙沼が僻地であるという感覚を少しも持たずに過ごしていた。

猪瀬　ロンドンには靴職人になりたいと思って行ったそうですが、そのうちに宝石加工に流れて成功していった。あの宝石街で日本人に求められるのは、馴れ合いの人情でなくユダヤ人相手に説得するロジックです。納得させるだけの理屈を言い、これがいかにいい商品か説明できなければビジネスは成り立たない。それで「あ、そうか」と僕は思った。つまり、あのツイッターの文章の精度は、彼がユダヤ人相手のビジネスで鍛えてきたからこその文章力によるものなのだと。

田原　百四十字のなかに、そのエッセンスが詰まっていた。気仙沼の中央公民館に避難しているという母親からの情報をキャッチした彼の文章力がこの救出劇の肝となった。素晴らしいドラマです。

猪瀬　公民館に集まっている人たちの多くは、お年寄りでも若い人でも、皆さん携帯電話からショートメールを打ったことでしょう。基地局も地震直後は生きていましたから、電池が徐々に減ってきたとはいえ、メールで辛うじて伝わるケースもあったはず。でも、そういう情報はどこかで止まってしまう。少なくとも行政レベルまでには伝わらなかった。ロンドンに住む息子さんが母親から情報を得て、正確な文章で拡散させた。これが全てのきっかけとなった。

田原　ロンドンの直仁さんは、テレビなどで気仙沼が大変なことになっているというのは知っていたのですよね。

猪瀬　ちょうど地震が来たときは、ロンドンは起床時間にあたります。ユーストリームがNHKの火災映像を流しており、彼はそれを見ることができた。

田原　気仙沼が火の海だという事実は、ロンドンにも届いていた。だからこそ、懸命なツイートができた。

猪瀬　息子さんは少ない情報のなかで、映像を見ながらこの危機をどう伝えればいいか考え抜いてツイッターを打った。母親の「火の海　ダメかも　がんばる」というメール、ロンドンの息子のツイッター、その息子のツイートを、中小零細の従業員十人ほどの会社の鈴木修一という人がたまたまキャッチした。キャッチしている人は他にもいっぱいいたけれど、それを僕に宛てて打ってきたのは彼しかいなかった。大事なのは、一人でも欠けては届かなかったということ。つまりこれは命を絶やさないためのリレーだったのです。

鈴木さんは若いときにはヤンキーで、働き始めてからは仙台に赴任して派手な生活をし、バブルが崩壊してから東京へ戻った。借金にまみれて三十万の給料のうち二十万を借金の支払いにあてるような生活を続けてきた。事務機の据え付けを生業にして、ギリギリの生活をしていた。少しずつ借金を返していくという慎ましい生活を必死にしているオヤジだからこそ、「この危機を誰かに伝えなければいけない」と思って、僕のところへ伝えてきたのでしょう。

「災後社会」をどう構築するか

田原　本文内でも引用しているけれど、吉村昭の代表作の一つ『三陸海岸大津波』、これは明治・昭和時代の大津波を描いていますが、猪瀬さんのこの作品と比べると「三陸とは何か」の変遷が見えてくる。これもたいへん勉強になった。

猪瀬　三陸というのは後からできた地名で、本来そんな呼び名はなかったのです。吉村さんが書いたあの明治の大津波を伝える新聞記事で、初めて三陸地方という言葉が拡がったそうです。

田原　そうか、すっかり大昔から三陸って言っていると思っていた。

猪瀬　三陸というエリアが行政エリアとしてでき上がってくるのはその頃なんです。

田原　それにしても、本当に偶然の偶然の偶然というか、いくつもの偶然が重なり、そして、それぞれが持ち場持ち場で全力投球している。いわば見事なオーケストラ。「446人のオーケストラ」です。

猪瀬　一つの情報が偶然の必然のように適確にリレーされたということ。そして「オーケストラ」が存在した。これは奇跡なんです。当時の都知事・石原慎太郎にこの話をしたら、「俺、その話知っている」と言うわけです。一九五〇年代のフランス映画に「空と海の間に」という作品があるという。北氷洋の沖合で嵐で遭難した船がSOSを打って、そのSOSを素人のアマチュア無線が拾って、アメリカやソ連など全世界に拡がっていく。鉄のカーテンがあったときにも、アマチュア無線はソ連とすらつながっていた。結局一晩で救助の手が打たれたという。直仁さんの父親が船乗りになった時代、日本は貿易立国で、小さな貨物船が五万トンのタンカーになり、三十万トンのタンカーになった。世界中の色々な資源を輸入して加工してというサイクルがあった。でも、グローバル経済のなかで、船そのものは船籍をリベリアやパナマのようなタックスヘイブン国や海運規制の緩やかな国に置く便宜置籍船となり、日本人の船員が要らなくなってくる。それでお父さんは陸に上がるわけです。逆に、息子が世界へ飛び立つ。

田原　日本列島と太平洋をネガとポジで切り替えて見ると、気仙沼というのは世界に開かれている、という言い方がとにかく印象的だった。孤立しているように見える僻地が、海洋をポジにしたら最も世界に開けた、と。

猪瀬　日本という場所は、ガラパゴスはガラパゴスだったけれど、江戸時代の鎖国から明治時代には海運国に転じた。世界に冠たる海運を持つようになり、それが日露戦争の勝因ともなった。真珠湾攻撃や戦艦大和にしても、日本は、海に対する認識が強かった。

田原　海と陸、地方と都会、そのネガポジを反転させる手法が見事でした。この手のノンフィクションは、どうしても「大変だ、悲惨だ」という話になりがちだけれど、猪瀬さんのノンフィクションは、とにかく「よくやった」と称えたくなる、逞しい物語です。

猪瀬　二〇一五年三月で震災から丸四年が経ちます。この前、東浩紀さんと話していたら、震災後に叢生した若い力によるＮＰＯやＳＮＳを通じたクラウドファンディングなど新しい可能性を模索した取り組みは、おおよそ三年でひと回りしたという。復興予算は五年間の予定です。五年間分だけ用意してあるので、あと一年で終わってしまうわけです。３・11という出来事をこのまま風化させてはいけない。復興をどう構築するべきなのか、原発など様々な問題も含めて「災後社会」という言葉を僕も含めて使っていたのだけれど、どうにも曖昧になってしまった。

田原　水没したなかにポツンと残された気仙沼市中央公民館の四百四十六人が見せてくれた個人の努力と知恵の出し合い。3・11を描いたノンフィクションとして、こんなに前向きな作品は初めてかもしれません。この作品が読まれることで、3・11が語り継がれていけばいい、そう強く思いました。

「あとがき」にかえて

本書は被災した多くの方々の証言にもとづいている。取材にあたり三陸河北新報の佐藤紀生記者にはほんとうにお世話になりました。あらためてお礼を申し上げたい。膨大な証言記録を整理するためにスタッフの広野真嗣氏の粘り強い協力を得た。出版にあたっては河出書房新社の太田美穂氏、武田浩和氏から提案と励ましをいただいた。巻末対談を快く引き受けてくれた田原総一朗氏を含め、本書刊行までさまざまな方々の協力を得ている。ここに感謝の意を記したい。

二〇一四年（平成26年）十二月　　猪瀬直樹

参考文献

（書籍）
吉村昭『三陸海岸大津波』文春文庫　二〇〇四年（原題『海の壁』）
『巨震激流』三陸新報社　二〇一一年
佐藤仁『南三陸町長の3年』河北新報出版センター　二〇一四年
Rachel Lichtenstein 'Diamond Street: The Hidden World of Hatton Garden' Hamish Hamilton刊　二〇一二年
（雑誌）
「気仙沼市危機管理課　連絡手段失うも懸命に緊急対応」『日経コンストラクション』二〇一一年七月十一日号
村上聖一「東日本大震災・放送事業者はインターネットをどう活用したか」『放送研究と調査』二〇一一年六月号
（行政資料）
「東日本大震災　消防活動の記録」気仙沼・本吉地域広域行政事務組合消防本部　二〇一二年
「記録　東日本大震災　被災から前進するために」気仙沼市立学校長会ほか編　二〇一二年
「東日本大震災における活動の記録」東京消防庁　二〇一二年
「大川小学校事故検証報告書」大川小学校事故検証委員会　二〇一四年

文庫版へのあとがき

本書が河出書房新社から刊行されたのは東日本大震災から四年後の二〇一五年一月でした。巨大で獰猛な黒い津波や福島第一原発での水素爆発の空高く昇る白煙の不気味な映像などまだ記憶に新しい時期です。

あの東日本大震災から十年の歳月が経とうとしているいま、日本だけでなく世界中がコロナ禍に喘いでいる。災厄は突然訪れてやがて去り、その痕跡は地層のように時間のなかに堆積していくのでしょう。ただ我われはこうした災厄を運命として諦念のように受けとめたのではなく、決然と戦ったのだということは記録として残しておきたい。なぜならいまもそれぞれが持ち場で懸命に戦っているからです。

本書のタイトルは『救出』だが、ほんとうは窮地から〝脱出〟する勇気を描いた物語です。奇跡は待っているだけでは起きない、それぞれが勇気を奮えば偶然が必然に転化して奇跡を生むのだ、そう信じたい。事実そうでしたから。

この度、小学館文庫として刊行されるにあたり出版局チーフ・プロデューサー飯田昌宏氏のお世話になった。ありがとう。

二〇二一年（令和三年）一月　　猪瀬直樹

猪瀬直樹著作集　日本の近代

ノンフィクションの世界に斬新な発想と独特の切り口を持ち込み、文学としても一級といわれる新しい分野を切り開いた猪瀬直樹氏。なかでも『天皇の影法師』にはじまり『昭和16年夏の敗戦』『ミカドの肖像』『土地の神話』など近現代史の謎に挑んだ作品群は、年月がたってますますその予見性に驚かされ、真価が再発見されています。また、『日本国の研究』など、日本の官僚システムの深奥に迫ったジャーナリスティックな作品における猪瀬氏の指摘は、いまだまったく色あせていません。これらを単なる読み物としてだけではなく、研究資料としても活用できるように発表当時の書評や時代背景などを織り交ぜて再構成、全12巻の著作集として刊行したのがこの著作集です（電子書籍版も販売中）。

第一巻　構造改革とは何か　新篇・日本国の研究

日本政治、官僚システムの構造欠陥を見抜き、道路公団改革に深く関わっていくきっかけとなる記念碑的作品。「小泉純一郎との対話」「官僚『複合腐敗』は五十年周期で来る」など重要記事を多数収録。

第二巻　ペルソナ　三島由紀夫伝

三島由紀夫を生んだ平岡家は、明治期から三代にわたる官僚の家系。大蔵省から文壇に転身した三島の作品に官僚の血筋を見出し、衝撃的な割腹自殺までを検証。作家の内なる「日本の近代」を掘り起こす卓見の三島論。

第三巻　マガジン青春譜　川端康成と大宅壮一

情報化社会の原点ともいうべき大正時代の雑誌出版草創期を舞台に、ノーベル賞作家・川端康成とマスコミの帝王・大宅壮一の、不世出の天才が世に出るまでの闘いを描いた青春群像小説。

第四巻　ピカレスク　太宰治伝

当代一の人気作家・太宰治は、なぜ遺書に「井伏（鱒二）さんは悪人です」と書いたのか。新事実と精緻な推理を駆使し太宰の遺書の謎に迫った傑作評伝ミステリー。

第五巻　ミカドの肖像

近代天皇制に織り込まれたさまざまな記号を丹念な取材と世界的視座で読み解く。全く新しい視点から天皇制を捉え直し、第18回大宅壮一ノンフィクション賞を受賞した著者の代表作。

第六巻　土地の神話

「電車通勤」というごく当たり前のライフスタイルの背景には、東京の都市開発をめぐる理想と挫折の物語があった。東急グループ五島慶太を軸に描かれるもうひとつの近代日本論。

第七巻　欲望のメディア

戦後における新たな「御真影」となったテレビ・メディア。正力松太郎による開局、力道山と「ご成婚」による普及、田中角栄によるテレビ局系列化。ネット社会の到来をさえ予見していた画期的メディア論。

第八巻　日本人はなぜ戦争をしたか　昭和16年夏の敗戦

「模擬内閣」の結論は「敗戦必至」。しかし、戦端は開かれた──。日米開戦の知られざる事実を徹底的に掘り起こし、「記録する意思」を貫徹した、著者36歳、初期の代表作。

第九巻　唱歌誕生　ふるさとを創った男

文部省唱歌という「新しき伝統」はいかにして生まれたのか。明治期に志を抱いて上京した、あるいは大陸に渡った人々の絢爛たる群像の中に、唱歌「故郷」誕生のドラマを描き出した抒情的手法が光る作品。

第十巻　天皇の影法師

新元号を「光文」とスクープした世紀の誤報事件の顚末は？　歴代天皇の柩を担いできた「八瀬童子」とは何者か？　文豪森鷗外の最後の戦いとは？　天皇の死を通して日本近代の成り立ちを追った歴史ミステリー。著者の鮮烈なデビュー作。

第十一巻　日本凡人伝

葬式中継アナウンサー、鉄道のダイヤを組む「スジ屋」、人の死期が臭いでわかってしまう化粧品会社の調香師……有名でも何でもない人たちの、怒り、悲しみ、仕事への誇り。「あなたによく似た」ふつうの人々のインタビュー集

第十二巻　黒船の世紀

「日米もし戦わば」。架空のシミュレーション戦記はやがて現実の開戦と重なっていく——。近代日本を突き動かしてきた「ガイアツ」の本質に迫る、異色の日本精神史。

――本書のプロフィール――

本書は、二〇一五年一月に河出書房新社より刊行された同名の単行本を文庫化したものです。

小学館文庫

救出《きゅうしゅつ》
3・11気《け》仙《せん》沼《ぬま》公《こう》民《みん》館《かん》に取《と》り残《のこ》された446人《にん》

著者　猪瀬直樹《いのせなおき》

二〇二一年二月十日　初版第一刷発行

発行人　飯田昌宏
発行所　株式会社 小学館
〒一〇一－八〇〇一
東京都千代田区一ツ橋二－三－一
電話　編集〇三－三二三〇－五六一七
　　　販売〇三－五二八一－三五五五
印刷所 ――――― 凸版印刷株式会社

ISBN978-4-09-406878-8